# HISTOIRE
DE
## LA VIE ET DES MIRACLES
DE LA BIENHEUREUSE BERGÈRE
# GERMAINE COUSIN
Vierge séculière, au village de Pibrac,
DIOCÈSE DE TOULOUSE

Ecrite d'après les actes authentiques de la béatification
et de la canonisation de la servante de Dieu,

Approuvée par Monseigneur l'Archevêque de Toulouse,

ET PUBLIÉE

PAR LE POSTULATEUR DE LA CAUSE

Ignobilia et contemptibilia mundi
elegit Deus ut confundat sapientes.
SAINT-PAUL, I Cor. I, 28.

---

PRIX : 60 CENTIMES
Se vend au profit de la Cause.

---

A TOULOUSE
CHEZ LES PRINCIPAUX LIBRAIRES
1867

# HISTOIRE

DE

## LA VIE ET DES MIRACLES

DE LA BIENHEUREUSE BERGÈRE

# GERMAINE COUSIN

**Vierge séculière, au village de Pibrac,**

DIOCÈSE DE TOULOUSE

Ecrite d'après les actes authentiques de la béatification
et de la canonisation de la servante de Dieu,

Approuvée par Monseigneur l'Archevêque de Toulouse,

ET PUBLIÉE

## PAR LE POSTULATEUR DE LA CAUSE

*Ignobilia et contemptibilia mundi
elegit Deus ut confundat sapientes.*
SAINT-PAUL, I Cor. I, 28.

---

PRIX : 60 CENTIMES

Se vend au profit de la Cause.

---

A TOULOUSE

CHEZ LES PRINCIPAUX LIBRAIRES

1867

## Permis d'imprimer.

Toulouse, le 11 avril 1867.

† Fl., Archev. de Toulouse.

---

*Traduction et reproduction interdites.*

Toulouse, imp. J.-B. Dupin, rue de la Pomme, 28.

# HISTOIRE

DE

## LA VIE ET DES MIRACLES

DE LA BIENHEUREUSE BERGÈRE

# GERMAINE COUSIN

### § 1.

*Introduction. Nature et caractère de la sainteté de Germaine Cousin.*

C'est dans l'observation des préceptes divins et dans l'exercice des vertus chrétiennes que se trouve la véritable sainteté. La plupart des hommes, se laissant guider plus par l'imagination que par un jugement droit, pensent que pour arriver à un haut degré de perfection il est nécessaire d'entreprendre de grandes choses, de supporter de longues et continuelles fatigues, d'exercer des ministères pénibles et difficiles, et d'étourdir le monde du bruit de choses merveilleuses. Tout cela peut bien devenir quelquefois comme l'apanage et la marque d'une sainteté déjà acquise, et Dieu même se plaît souvent à faire éclater de la sorte le mérite de ses serviteurs lorsqu'il les choisit, soit pour exalter et propager sa gloire, soit pour émouvoir les âmes et les ramener dans la voie du salut; mais ce n'est pas en ces signes que consistent la substance et le fond de la sainteté. Les apôtres envoyés pour prêcher l'évangile et exercer leur ministère dans les villes de la Judée, avaient vu une grande foule se ranger autour d'eux à la seule invocation du nom de leur Maître, au simple toucher de leur main. Au son de leur voix, les muets avaient parlé, les aveugles avaient recouvré la vue, et les maladies les plus obstinées s'étaient évanouies. Heureux de ces premiers succès, ils retournent les raconter à Jésus-Christ, et ils s'écrient : Seigneur, les démons mêmes sont soumis à notre pouvoir : *Domine, etiam demonia subjiciuntur nobis.* S.-Luc, 10, 17.

A peine le Rédempteur les entendit-il se livrer ainsi à la joie, qu'il les reprit avec une sorte de sévérité et leur dit : Ce n'est point de cela que vous devez vous réjouir : *in hoc nolite gaudere ;* mais bien de ce que vos noms sont écrits dans le ciel.

Et plus tard, quand il se mit avec plus de soin à leur enseigner la voie de la perfection, il leur dit d'avoir les yeux fixés sur lui, comme sur un miroir et sur un modèle; c'est-à-dire, comme l'explique saint Augustin, père et docteur de l'Eglise, il leur recommanda d'apprendre de lui non pas à créer des cieux ni à disposer des choses visibles et invisibles, ni à guérir les paralitiques, à ressusciter les morts, mais à être doux et humble de cœur, à se renoncer eux-mêmes, à porter généreusement leur croix, à souffrir avec patience les injures et les affronts ; enfin à observer ses préceptes pour lui donner une preuve de leur amour.

C'est par cette même voie, en apparence unie et facile, mais en réalité rude et pénible pour notre nature corrompue qu'ont marché tant d'âmes choisies, qui en peu de temps, par une course rapide, sont arrivées au degré le plus élevé de la perfection, et dont la sainteté a éclaté dans la suite par des signes et des prodiges merveilleux.

Une de ces âmes privilégiées fut Germaine Cousin, vierge séculière, laquelle, après de murs examens, a été jugée digne, par la sacrée Congrégation des Rites, ainsi que par le souverain Pontife Pie IX, d'être élevée sur les autels, a déjà reçu les honneurs de la béatification et va bientôt recevoir ceux de la canonisation solennelle. Rien dans sa vie de grand ni de spécieux qui puisse attirer les regards et l'admiration; tout, au contraire, est abaissement, humilité, obscurité.

Elle naquit dans un modeste village de France, de parents pauvres et mena pendant vingt-deux ans une vie obscure, solitaire et inconnue. Elle s'occupait uniquement à faire paître les brebis dans la campagne, assujettie à de continuelles et dures tribulations par suite de ses infirmités corporelles, des misères de tout genre qu'elle éprouvait et des amertumes dont elle était souvent abreuvée. Jamais elle n'eut une consolation, ni un plaisir venant de la terre; au contraire, les plus proches parents et les amis de sa famille la contrariaient sans cesse, et ceux qui vivaient sous le même toit la méprisaient et la tournaient en ridicule. Et c'est précisément dans cet état d'abjection qu'elle sut cultiver et faire croître en elle même les plus belles vertus, la pureté, la patience, la mansuétude, l'abnégation de soi-même, la mortification continuelle et la charité la plus ardente envers Dieu et envers le prochain; et ces vertus même l'élevèrent à une sainteté si éminente, qu'il a plu à Dieu de la glorifier depuis deux siècles et demi par une série non interrompue de prodiges.

Tel est le caractère propre de la vertu de Germaine. Elle doit être peu appréciée du monde qui réserve son estime pour ce qui est terrestre et charnel; mais elle paraîtra glorieuse aux yeux de Dieu et des anges et même des hommes qui jugent selon les règles de l'évangile. C'est une vertu forte et robuste qui s'attache au fond de l'âme et à la pratique de la sainteté éprouvée au creuset de la tribulation, et perfectionnée en domptant continuellement et en contrariant les désirs désordonnés de la nature et des passions.

Cette courte histoire, qu'avec l'aide de Dieu nous entreprenons d'écrire, le fera encore mieux comprendre. Je dis courte parce qu'il faut l'avouer, les documents qui nous sont restés touchant la vie et les actions de cette sainte fille sont en bien petit nombre. Elle vécut presque toujours loin de la société des hommes, et par là même Dieu seul peut être le témoin de toutes ses vertus. En outre, par une permission de la volonté divine, les procès apostoliques, ainsi que ceux de l'évêque, n'ayant été dressés que dans ces dernière années, n'ont pu nous transmettre que ce qu'une tradition constante, non interrompue et passée de père en fils, a pu conserver de souvenirs depuis plus de deux siècles. Malgré cela, ces notions brèves et succintes qu'un long âge n'a jamais effacées de l'esprit des hommes, puisqu'elles suffisent à prouver la vérité des faits, peuvent seulement servir pour juger du caractère et de la nature de la sainteté de l'admirable Germaine. Mais hâtons-nous d'arriver au récit de sa vie que je tirerai fidèlement des actes authentiques de sa canonisation.

§ II.

*Patrie et naissance de sainte Germaine.*

Pibrac est un petit village de France, de deux cents maisons environ et à peu de distance de Toulouse; anciennement il formait un fief appartenant à la noble famille Duffaur, qui possédait à cette époque un château-fort dont on voit encore les restes. Ce village est situé sur le flanc d'une colline en pente douce et entourée de coteaux peu élevés. Il n'est certainement remarquable ni par la variété, ni par la magnificence des édifices, qui ne sont la plupart que de pauvres et humbles maisons, habitées par des gens dont la vie se passe à faire paître des troupeaux ou à cultiver les champs qui y sont d'ailleurs très fertiles. Mais ce sera toujours une gloire pour les ancêtres des habitants actuels d'avoir su se maintenir fermes et constants dans la foi catholique, alors que l'hérésie calviniste se répandit en divers temps dans tous les alentours.

A une distance d'environ deux kilomètres de ce village, dans une fort misérable chaumière placée au milieu des champs, vers l'an 1579, naquit notre sainte Germaine Cousin, choisie de Dieu dès l'éternité pour être l'ornement, la gloire et même la richesse de ce pays ; car, au point de vue même matériel, la situation en est améliorée depuis qu'en toute saison de l'année une multitude de pèlerins s'y rendent pour demander des grâces et accomplir des vœux.

Les parents de Germaine, comme nous l'apprenons par la tradition, furent Laurent Cousin et Marie Larroche, tous deux de condition pauvre et peu favorisés des biens de ce monde, mais personnes de bonnes mœurs et d'une piété fervente. Nous ne savons rien de la première éducation donnée à l'enfance de Germaine; mais si nous en jugeons d'après ce qui arriva dans la suite, nous pouvons dire qu'elle dut être très soignée.

Il est certain que dès les premières années Germaine se montra bien instruite des mystères de la foi et des choses qu'il est nécessaire à tout chrétien de savoir et de pratiquer. Sans doute que les paroles de sa mère et ses exemples auraient grandement perfectionné son éducation si elle avait pu en jouir plus longtemps; mais Marie Larroche mourut bientôt, laissant dans un âge fort tendre cette fille unique. Dès lors la culture intérieure de Germaine, au lieu d'être l'effet d'une industrie humaine, devint le travail et le chef-d'œuvre de l'Esprit saint qui, se complaisant dans cette âme innocente, la forma peu à peu et la disposa à ce degré sublime de perfection où il la conduisit dans la suite. Cette conduite secrète de la grâce explique seule comment, dans un âge si tendre, Germaine put supporter les épreuves dures et nombreuses auxquelles, par une disposition de Dieu, fut soumise sa vertu ; car, non seulement elle conserva au milieu de ces tribulations une fermeté et une constance inébranlables, mais encore elle s'avança tellement dans la perfection, qu'elle allait jusqu'à se réjouir et se réputer heureuse de toutes les souffrances qu'elle avait chaque jour à endurer.

§ III.

*Des mauvais traitements et des persécutions que souffrit Germaine de la part de ses parents.*

On peut faire remonter le commencement de ses adversités à la mort de sa mère. En effet, le père étant passé à de secondes noces, la femme qu'il prit, comme il arrive ordinairement chez les belles-mères, commença à regarder de mauvais œil Germaine et à la mépriser. N'ayant soin uniquement que de ses propres enfants, elle ne prit aucun souci de sa belle-fille. Mais c'eut été peu de chose si elle n'en fût pas venue à de mauvais traitements. Germaine était mal conformée, et l'on raconte qu'elle fut sans doute, dès sa naissance, sujette aux scrofules ; elle avait aussi le bras droit estropié. Elle supporta jusqu'à la mort ces deux infirmités avec une résignation et une patience invincibles, soit qu'elles fussent naturellement incurables, soit qu'elles n'aient jamais été soignées convenablement à cause de l'extrême pauvreté de sa famille ou de son insouciance à ce sujet. Or, ce qui devait naturellement exciter la compassion et la pitié de la marâtre fut précisément ce qui augmenta en elle la haine et la méchanceté. Voir seulement devant soi Germaine avec son bras perclus et ses plaies toujours ouvertes, excitait ses dégoûts et la lui rendait insupportable. Elle ne pouvait souffrir de l'avoir auprès d'elle, même un instant. Elle lui adressait tantôt des paroles amères, tantôt des moqueries et de mordantes injures. Bien que la sainte Enfant se montrât en tout docile, soumise et obéissante au plus petit signe, elle ne pouvait jamais obtenir une légère avance, une bonne parole, un regard moins dédaigneux. Tout ce qu'elle fesait était mal fait, et il n'y avait pas sorte de mauvais traitements qu'elle ne reçut. La méchanceté de sa marâtre en vint à tel point qu'elle irrita même le père contre sa fille, bien qu'il fût d'un bon naturel, et lui persuada d'éloigner le plus possible cette infortunée. Elle lui représenta qu'il était fort dangereux de tenir une personne affligée de scrofules au milieu de ses autres enfants, parce que ce mal se communique et qu'ils pourraient en être facilement atteints. Ces raisons, exposées avec cette force que donne ordinairement à ses paroles une femme passionnée, persuadèrent enfin à Laurent Cousin de confier à Germaine la garde d'un troupeau de brebis, ce qui la tenait éloignée toute la journée de la maison paternelle en la contraignant à passer sa vie au milieu des champs et des bois. Bien plus, la cruelle marâtre lui fit destiner pour habitation un coin de l'étable où elle put se réfugier la nuit pour dormir, et lui donna pour se reposer un lit de sarments.

## § IV.

*Germaine, employée à faire paître les brebis, passe toute sa vie dans cet humble service, supportant avec une héroïque patience les peines et les adversités.*

Sainte Germaine était à peine sortie de l'enfance quand elle fut chargée de mener paître un troupeau de brebis, et ce fut dans cet humble métier de bergère qu'elle passa le reste de sa vie. Quelles furent les souffrances, les privations et les misères qu'elle endura est chose plus facile à imaginer qu'à décrire. Continuellement elle fut exposée en plein air, à la chaleur brûlante de l'été et au froid rigoureux de l'hiver, aux vents, à la pluie et à toutes les intempéries des saisons ; passant ses journées tantôt sur le sommet des collines, tantôt au fond des vallées. Si les complexions même les plus vigoureuses et les plus robustes ont peine à supporter ces incommodités, combien aura dû souffrir une enfant d'un âge si tendre, faible de complexion, chétive de corps, consumée par des maladies chroniques, ne portant d'autre habit qu'une robe usée et déchirée et ne trouvant le plus souvent pour abri que le tronc des arbres ou les infractuosités des rochers. Ajoutez ensuite que sa nourriture journalière n'était qu'un morceau de pain noir que lui donnait le matin sa marâtre avec beaucoup de parcimonie et de très mauvaise grâce. Ce qui donnerait lieu de croire que, pour ne pas mourir de faim, elle fut contrainte parfois de se nourrir de racines amères et de fruits sauvages qu'elle rencontrait dans les bois.

Si au moins elle avait pu avoir quelque dédommagement et quelque consolation en retournant le soir au bercail avec son troupeau ! Mais c'est précisément alors que redoublaient pour elle les humiliations et les souffrances. En effet, à peine arrivait-elle à la maison, fatiguée et abattue, que sa méchante marâtre l'accueillait avec toute sorte de mauvais traitements. Malheur à elle, si, même pour un instant, elle mettait le pied sur le seuil de la chambre pour se joindre au reste de la famille. C'est alors que les plus amers reproches, et parfois même les coups, ne lui étaient pas épargnés. Elle devait se tenir, comme une brebis galeuse, loin de ses frères et sœurs, et ne s'entretenir ni communiquer avec eux en aucune manière. Elle devait se contenter du peu de nourriture qu'on lui donnait, et ne pas souffler mot si parfois on le lui refusait. Puis, elle demeurait seule et abandonnée dans le bas de la maison ou dans l'étable avec ses brebis, et elle prenait son repos de la manière la plus incommode, sous un escalier de bois. Là, elle se jetait toute habillée sur son lit de sarments qui la préservait de l'humidité du sol.

On ne peut dire combien une existence si pénible et si misérable, prolongée pendant douze ans et plus, dut servir à perfectionner la vertu de Germaine. Résignée aux dispositions de la divine Providence, elle souffrait tout avec une patience invincible, et, loin de se plaindre de l'état dans lequel Dieu l'avait placée, elle se réjouissait au contraire d'y trouver l'occasion d'imiter de plus près les exemples de Jésus-Christ et de lui donner des preuves de son amour. C'est pourquoi on n'entendit jamais sortir de sa bouche une parole de plainte ou de dépit; jamais une accusation contre ses parents, ni même contre une marâtre si cruelle et si dénaturée. Elle se montrait toujours avec un visage serein, un air affable et des manières honnêtes, et à l'égard de sa marâtre même, elle paraissait d'autant plus douce et plus obéissante, qu'elle lui réservait chaque jour davantage les effets de son aversion. Elle cédait au plus petit signe, se soumettait au plus simple commandement, quoiqu'elle sût bien que son obéissance et sa douceur ne lui serviraient de rien pour gagner le cœur de sa belle-mère et ne ferait peut-être qu'irriter sa mauvaise humeur. Battue sans pitié, elle ne détournait point les coups et ne poussait aucun cri; elle recevait ces outrages avec une inaltérable mansuétude, comme une salutaire expiation de ses péchés. Et cependant elle était innocente, car, autant qu'on peut le savoir, elle n'avait jamais souillé son âme d'une faute grave. Elle aimait sa pauvreté, ses maladies, ses souffrances, parce qu'elles détachaient son cœur de la terre et la portaient au désir des biens éternels auxquels elle aspirait avec ardeur.

Une si grande vertu ne pouvait point passer inaperçue aux gens du pays. Mais ceux-ci, la plupart sans instruction, peu accoutumés à connaître en quoi consiste la perfection et à juger sainement du mérite de la vraie sainteté, loin d'admirer et de louer les exemples héroïques de Germaine, en prenaient occasion de la tourner en ridicule. Ce caractère toujours égal, cette paix et cette tranquillité que jamais rien ne troublait; cette constance à souffrir, même avec joie, tout ce qu'il y a de plus pénible, semblait aux uns l'effet d'une insensibilité naturelle, aux autres le résultat d'une grossièreté inexcusable et même à quelques-uns l'œuvre d'une fine dissimulation et d'une hypocrisie rafinée, qui la fesait aspirer à se donner la réputation d'une sainte. Telle est la malignité du monde, tel est ici-bas le sort des justes. Il ne se passait pas de jour que les gens du village et les autres bergers qui gardaient également les troupeaux dans ces contrées ne se déclarassent contre Germaine et ne se fissent un jeu de la tourmenter et de la railler. Ils la montraient au doigt, ils couraient après elle en criant et en l'appellant : bigotte ! et lui donnaient d'autres surnoms injurieux, qui lui restèrent pendant plusieurs années. Mais ils avaient beau se permettre toutes ces insultes, la sainte enfant, qui se tenait toujours prête à la pratique de la patience et à la mortification, ne répondait jamais un mot. Ce qui augmentait la hardiesse de ses persécuteurs était pour elle un exercice héroïque de vertu ; car elle se fesait une joie de penser que le seul désir de plaire à Dieu lui attirait toutes ces souffrances et ces mépris.

## § V.

*Son amour envers Dieu, sa dévotion à la Très-Sainte-Vierge, son zèle pour le salut des âmes et son empressement à aider le prochain.*

Il n'y a pas lieu de douter que Germaine tirât de Dieu seul toute la force qui la soutint si longtemps au milieu de ces cruelles épreuves. Elle aimait la solitude dans laquelle elle se trouvait au milieu des champs, comme lui donnant plus de facilité de s'unir étroitement à

Dieu et d'esprit et de cœur. Fuyant la conversation des hommes, elle menait ses brebis dans des lieux solitaires, et là, loin de tout bruit et de toute distraction, elle passait son temps à prier et à méditer sur les choses célestes et les grandeurs de son divin époux. On dit que très souvent elle fut surprise à genoux, au pied d'un arbre, ayant devant elle une croix qu'elle avait elle-même grossièrement façonnée avec deux morceaux de bois, et demeurant absorbée dans une profonde contemplation. C'est alors que Dieu, qui aime la conversation des âmes pures et simples, se communiquait intimement à elle et lui donnait un avant-goût des délices du paradis, avec des douceurs qui ne peuvent ni se comprendre, ni se raconter.

Il est vrai toutefois que pour s'unir à Dieu elle n'avait pas besoin de recueillir ses pensées et d'éloigner son attention des choses présentes. Partout elle trouvait son bien-aimé, et la seule vue des plantes, des fleurs, des eaux, du ciel, suffisait pour ravir son esprit et son cœur et la transporter dans la connaissance et l'amour du souverain bien. C'est pourquoi lorsqu'elle marchait à la suite de ses brebis à travers les bois, ou qu'assise à l'ombre de quelque arbre elle filait sa quenouille, toutes ses pensées et ses affections se tournaient aussitôt vers Dieu et se fixaient en lui aisément, ce qui suffit pour faire connaître qu'elle était arrivée à ce degré de perfection le plus élevé sans doute où puisse atteindre une âme encore liée à ce corps mortel et qui consiste à avoir toujours Dieu présent et à n'aimer fortement et uniquement que lui seul.

Un des moyens qui l'aidèrent le plus à conserver et accroître en elle cette sainte ardeur de la charité, ce fut l'assiduité à assister tous les jours au saint sacrifice de la messe. Elle sortait le matin de très bonne heure pour mener paître ses brebis, et à peine entendait-elle sonner la messe, soit à sa paroisse de Pibrac, soit à quelque lieu des environs, qu'aussitôt elle se transportait en toute hâte à l'église pour l'entendre, laissant paître tranquillement son troupeau dans les champs. Jamais elle ne se dispensa de s'y rendre, même quand le temps était mauvais ou pluvieux et les routes défoncées et bouenses. Mais la plus grande preuve de son amour pour Dieu fut le soin extrême qu'elle prenait de ne jamais lui déplaire même légèrement. Sur cela sont d'accord tous les témoignages recueillis dans les procès de la canonisation. « La meilleure » preuve, dit l'un des témoins, de l'amour que » sainte Germaine avait pour Dieu est sa fidé- » lité à fuir toute espèce de péché et la constante » tradition, qu'elle conserva jusqu'à la mort » l'innocence du baptême. » Un autre témoin ajoute « que sa charité envers Dieu se mani- » festa par la fuite du péché et même des plus » petites fautes, par sa pureté de conscience » qui fut si grande que d'après une tradition, » transmise jusqu'à nous, elle ne perdit jamais » l'innocence baptismale. »

A l'amour qu'elle portait à Dieu, Germaine joignait une très tendre dévotion envers la vierge Marie. Une des prières qu'elle disait avec le plus de goût et de satisfaction d'esprit, était le saint rosaire qu'elle récitait tous les jours à genoux et en méditant les profonds mystères dont il nous rappelle la mémoire.

Quand le matin, à midi et le soir, elle entendait la cloche qui donnait le signal de *l'angelus*, la sainte enfant s'agenouillait aussitôt pour saluer et vénérer sa bien-aimée mère Marie, et elle le fesait partout où elle se trouvait, même dans des endroits pleins de boue, sans que ses vêtements en aient jamais été mouillés ou sâlis. Elle célébrait les fêtes de la Sainte-Vierge avec une ferveur toute particulière. Plusieurs jours d'avance elle s'y préparait par divers actes de vertu, afin de mériter toujours davantage sa protection. Nous ne savons pas précisément quelles furent les nombreuses grâces qu'elle dut en recevoir en échange ; mais il est sûr que Marie ne se sera pas laissée vaincre en générosité par sa fidèle et dévote servante, et la vertu sans tache, la pureté virginale que Germaine conserva jusqu'à la mort, malgré toutes les embûches de l'ennemi de tout bien, durent être l'effet d'une protection toute spéciale de la Reine des Vierges.

A mesure que l'amour envers Dieu augmentait en elle, la charité pour le prochain croissait aussi dans son cœur. Ces deux amours, comme dit saint Grégoire, ont des rapports divers et cependant ils ne forment qu'un seul tout. Ce sont deux anneaux réunis à une même chaîne, deux actes d'une seule vertu, deux œuvres d'une même charité, deux mérites aux yeux de Dieu, mais si intimement unis qu'il n'est pas possible que l'un soit séparé de l'autre ( Lib. 2. Moral. c. 10 ).

Une pauvre bergère comme l'était Germaine, presque chassée de la maison, privée même du nécessaire, mal entretenue en fait d'habits, contrainte à passer sa vie au milieu des bois ou sur le sommet des collines, ne pouvait guère donner cours à sa charité en visitant les prisons et les hôpitaux, en servant les infirmes, en pourvoyant aux besoins de ses frères, en revêtant les malheureux qui étaient nus, ou en rassasiant les affamés. Malgré cela, elle trouva moyen de subvenir selon son état et sa condition aux nécessités du prochain, et encore plus que ne le comportaient ses forces et sa propre misère. Le morceau de pain qu'on lui donnait pour sa nourriture de la journée, et qui suffisait à peine à rassasier sa faim, était souvent réparti entre les pauvres, et ce qui met le comble à sa charité, c'est qu'elle faisait pour ainsi dire chaque jour ce généreux sacrifice qui était pour elle une rigoureuse privation. A la vue des pauvres, elle sentait son cœur se resserrer, et ne s'occupant nullement de ses propres nécessités, et s'efforçait de secourir les autres. Et pour ne pas les voir souffrir, elle s'assujettissait elle-même à supporter la faim. Si, comme le dit Jésus-Christ, la pauvre femme qui jeta dans le tronc du temple un simple petit denier sera amplement récompensée, combien plus de grandes louanges et de récompenses mérite l'héroïque charité de notre sainte, qui, pour l'amour de Dieu, donnait, non de l'or ni de l'argent, mais le peu de pain nécessaire à son entretien, et qui même par là, comme nous le verrons dans la suite, s'exposait aux injures et aux mauvais traitements d'une marâtre.

Elle fesait tout son possible pour aider aussi son prochain dans les besoins de l'âme. Et d'abord par l'exemple de ses héroïques vertus, car, même en se taisant, elle prêchait à ses compatriotes la dévotion et la piété. Ensuite elle saisissait toutes les occasions favorables qui se présentaient de ramener par de charitables paroles ceux qui s'éloignaient de la voie du salut d'exhorter et d'enflamer les bons par de pieux entretiens. Elle engageait surtout les jeunes filles de son âge à ne point se laisser séduire par les vanités et les attraits du monde ; mais à pratiquer avec grand soin toutes les vertus chrétiennes. On se souvient encore que dans les champs elle réunissait autour d'elle les garçons et les filles d'un âge encore tendre qui gardaient aussi en ces lieux des troupeaux, pour leur enseigner avec patience les principes de la doctrine chrétienne, les actes des vertus théologales et tout ce qu'il est nécessaire de connaître pour le salut. Elle ne se laissait détourner jamais de ce soin, quoique au lieu de remercîments elle n'en retirât souvent que des moqueries et des outrages ; car elle avait plus à cœur le bien des âmes que l'estime des hommes, dont elle ne faisait aucun cas. En un mot, sainte Germaine fit par amour du prochain, tout ce que permettaient son rang, sa condition et son âge. C'est ainsi qu'elle a égalé peut-être les mérites de fervents missionnaires, attendu que Dieu ne regarde pas tant, la grandeur des œuvres que l'intention et l'affection avec lesquelles on les accomplit.

## § VI.

*Merveilles par lesquelles Dieu fait connnaître les vertus et la sainteté de Germaine.*

Après tout ce que nous venons de dire, on ne pourra nullement être surpris que Dieu ait voulu manifester la vertu et la sainteté de l'humble et simple bergère par des signes et des prodiges au-dessus de l'ordre de la nature. Il en est trois surtout dont jusqu'à nos jours le souvenir est resté vivant dans les esprits, et les habitants de Pibrac indiquent encore les endroits où ils s'opérèrent.

Nous avons dit plus haut que sainte Germaine avait coutume de se rendre tous les jours à l'église pour entendre la sainte Messe, et que dans ce moment là elle laissait ses brebis seules au milieu de la campagne. Ceci pourrait sans doute paraître à quelques personnes plutôt un défaut qu'un acte de vertu, du moment qu'elle semble avoir négligé les devoirs de son état pour satisfaire sa propre dévotion.

Mais comme elle n'agissait de la sorte qu'en cédant à une impulsion divine, Dieu alors pourvoyait d'une autre manière à la sûreté du troupeau. Au moment de partir, la sainte enfant plantait en terre sa quenouille, et les brebis, dociles et obéissantes, se réunissaient autour sans que jamais, jusqu'au retour de la bergère, une seule osât s'éloigner des autres, sans que jamais aucune entrât dans les champs voisins ou portât quelques dommages à personne. Bien plus, dans les bois environnants se trouvait un grand nombre de loups qui y avaient leurs tanières, et qui de temps en temps, surtout en hiver, lorsqu'ils étaient poussés par la faim, sortaient de leurs repaires, allaient assaillir les troupeaux même les mieux gardés et y fesaient un horrible carnage. Les brebis de Germaine, elles seules, quoique abandonnées et laissées sans défense, ne furent jamais attaquées ni inquiétées dans ce moment là, bien que notre bergère n'eût pas même de chien pour les défendre.

Ce ne fut pas la seule manière par où Dieu fit voir combien lui était agréable la dévotion de sa servante. Pour arriver à l'église de Pibrac, qui est située vers le haut d'une colline, Germaine devait traverser un petit torrent qui coule au pied, et qui sépare cette colline d'un coteau voisin. Or, il arrivait très souvent que par l'abondance des pluies, ce torrent grossissait au point que, non seulement il était difficile, mais même impossible de le passer à gué, surtout pour une enfant. Néanmoins, sainte Germaine, pleine de confiance en Dieu, se mettait en route vers l'église, dès le premier son de la cloche, et arrivée au torrent, soit que les eaux suspendissent leur cours pour lui livrer passage, soit qu'une main invisible la transportât sur l'autre rive, il est certain que tant à l'aller qu'au retour, elle le traversait librement et à pied sec.

Plus prodigieux encore est le fait suivant : Sa marâtre ayant su que Germaine faisait tous les jours l'aumône aux pauvres, soupçonna qu'elle prenait furtivement à la maison une grande quantité de pain. C'est pourquoi se laissant aller à son emportement, étouffant de colère, elle courut un matin dans les champs pour surprendre en faute sa belle-fille et la châtier en conséquence. Avant d'arriver à l'endroit où la sainte enfant fesait paître ses brebis, et du plus loin qu'elle put l'apercevoir, elle commença à donner cours à sa rage par des injures; puis, s'approchant d'elle, elle lui arracha avec dépit le tablier que Germaine portait relevé autour de sa taille et dans lequel elle avait mis en effet quelques morceaux de pain, pour les donner aux pauvres. Mais elle resta toute surprise quand, au lieu de pain, elle vit tomber à terre une quantité de belles fleurs, toutes fraîches, qu'on n'avait jamais vues dans cet endroit, qu'on n'aurait pu même se procurer ailleurs, attendu la saison de l'hiver où l'on était et le froid rigoureux qu'il fesait alors. Dieu permit que ce miracle eût pour témoin deux paysans de Pibrac, qui, voyant la marâtre de Germaine courir sur elle avec tant de fureur, en comprirent la raison et voulurent la suivre, afin de délivrer de ses mains, s'il leur était possible, la pauvre jeune fille. Ces deux paysans étaient de ceux-là même qui auparavant avaient tourné en ridicule la simplicité et la piété de Germaine. Mais à la vue d'un tel prodige, ils restèrent stupéfaits, et comme hors d'eux-mêmes. Puis, changeant tout-à-coup d'opinion sur son compte, ils furent les premiers à la nommer publiquement une sainte, et à célébrer hautement ses vertus. Ils dévulguèrent dans tout le village ce merveilleux événement, qui fut longtemps le sujet de tous les entretiens. Le fait en vint même, à la connaissance de Laurent Cousin, père de notre sainte, qui enfin, rentrant en lui-même, défendit sévèrement à sa femme de faire la moindre injure à sa fille. Puis, retrouvant toute son affection envers sa sainte enfant qu'il avait connue et appréciée si tard, comme pour lui demander pardon de tout ce qu'il lui avait laissé souffrir jusqu'alors, il la pria de se réunir à ses frères dans la maison et d'abandonner le sale réduit où l'avait reléguée dans l'étable sa cruelle marâtre. Mais la fidèle servante du Seigneur, ayant déjà pris goût à la souffrance, fit si bien, et supplia si tendrement son père, qu'elle obtint de demeurer comme elle était.

## § VII.

### Mort imprévue de sainte Germaine.

Dieu manifeste sa gloire de plusieurs manières. L'opinion avait donc changé par rapport à Germaine et il semblait que dorénavant, même aux yeux du monde, elle dût jouir d'une considération et d'une estime méritée. Mais Dieu, dont les voies dans la sanctification des âmes justes sont impénétrables, avait disposé que, lorsque les hommes ouvriraient les yeux sur les vertus de sainte Germaine et commenceraient à apprécier son mérite, alors se termineraient ses jours, et que sa vie obscure et inconnue finirait aussi par une mort sans éclat, ni retentissement. Telle, en effet, fut la fin de la vie de notre sainte. Elle ne laissa aucune trace, et le souvenir qui en est resté dans le pays, c'est qu'à l'approche de l'été de l'an 1601, étant âgée d'environ vingt-deux ans, elle fut un matin trouvée morte sous son escalier et couchée sur son lit ordinaire de sarments. Personne même de sa maison n'avait remarqué son absence, et il était déjà grand jour lorsque ses parents s'aperçurent que les brebis étaient encore dans l'étable et que Germaine n'était pas sortie comme de coutume. C'est pourquoi, ils envoyèrent un de ses frères pour voir ce qui se passait, et celui-ci trouva sa sainte sœur déjà toute froide, modestement placée sur sa couche, mais conservant dans ses traits un air tout céleste.

Cependant, à l'instant même où cette âme innocente se détachait de son corps, Dieu révéla à plusieurs personnes la grande gloire à laquelle elle était appelée. Un prêtre de Gascogne qui se rendait à Toulouse, ayant passé cette nuit-là dans le voisinage de Pibrac, fut ravi en esprit et vit une glorieuse procession de saints qui descendaient vers le village de Pibrac, et qui, peu de temps après, remontaient au ciel conduisant une âme bienheureuse de plus. Il poursuivit son voyage ; mais le lendemain, étant retourné de Toulouse à Pibrac, il demanda aux paysans s'il n'était pas mort quelqu'un en cette paroisse la nuit précédente, et on lui répondit que c'était la bergère Germaine Cousin, regardée de tous comme une sainte.

Une autre vision est déposée dans le procès de béatification en ces termes : « La nuit même où eut lieu la mort de la vénérable Germaine Cousin, deux religieux vinrent s'abriter au milieu des ruines de l'antique château des seigneurs de Pibrac, situé sur la route qui conduit à l'habitation des parents de la vénérable servante de Dieu. Au milieu de cette nuit, ils virent passer deux vierges vêtues de blanc qui se dirigeaient vers cette habitation, et qui, quelques instants après, s'en retournèrent emmenant au milieu d'elles une autre vierge également vêtue de blanc, et portant sur la tête une couronne de fleurs. Dès l'aube du jour, ils entrèrent dans le village et demandèrent si quelqu'un était mort. On leur répondit que non, attendu qu'on ignorait encore la fin bienheureuse de Germaine. Enfin, d'autres personnes la virent encore s'élever vers le ciel, accompagnée d'un chœur de douze vierges, rangées autour d'elle.

Le bruit de la mort de la servante de Dieu s'étant répandu, un grand nombre de gens accoururent pour la voir. La foule surtout fut considérable aux funérailles qu'on lui fit dans l'église de Pibrac, sa paroisse, où elle fut inhumée. La renommée de ses vertus demeura vivante dans l'esprit de tout le monde, et sa mémoire était en bénédiction. Cependant, on ne lui donna aucune marque extraordinaire d'honneur et de vénération jusqu'à l'époque où il plut au Seigneur de glorifier les mérites de sa servante par les prodiges les plus merveilleux.

§ VIII.

*Invention du corps de Germaine, resté sans corruption, et premier miracle constaté.*

Les premiers signes de la dévotion du peuple envers la servante de Dieu se manifestèrent en 1644. Une femme de la famille Cousin étant venue à mourir, avait ordonné qu'on l'enterrât à côté de Germaine, sa parente; sans doute à cause de la grande estime qu'elle en fesait. Or, en creusant la fosse, dès le premier coup de pioche, on découvrit, presque à fleur de terre, le corps de Germaine qui s'était conservé intact, mou et flexible, quoique enterré depuis quarante-trois ans. Bien plus, le nez ayant été atteint par l'instrument, la blessure découvrit une chair fraîche et rosée. Les vêtements étaient aussi conservés, et l'on voyait sur le front une guirlande d'épis et de fleurs qui étaient desséchés. Aussitôt le bruit de cette découverte se répandit dans tout le village, et une grande foule accourut à l'église. Les plus anciens reconnurent aux traits du visage, à la stature, aux cicatrices des scrofules et au bras estropié, que ce corps était vraiment celui de Germaine Cousin, avec laquelle ils avaient vécu, et ils en rendirent témoignage.

Pour satisfaire à la curiosité et à la dévotion de tout le monde, on tira le corps de terre, et après l'avoir mis dans une caisse décente, on le plaça en vue du peuple, près de la chaire de l'église. Mais comme les seigneurs de Pibrac avaient leur banc non loin de là, Marie, femme de noble François de Beauregard, fatiguée d'avoir continuellement sous les yeux ce cadavre, ordonna qu'il fût transporté ailleurs. Ce manque d'égard envers la servante de Dieu lui coûta cher, car peu après il s'ouvrit un ulcère affreux sur sa poitrine, et l'enfant unique qu'elle avait et qu'elle allaitait à cette époque, ayant aussi contracté une grave maladie par l'altération de l'aliment, en vint à la dernière extrémité. Les meilleurs médecins et chirurgiens de Toulouse furent appelés ; mais tout leur art ne réussit à rien autre qu'à aggraver de plus en plus la maladie de la mère et de l'enfant. Le mari soupçonna dès-lors que tous ces malheurs tombés tout-à-coup sur sa famille, étaient l'effet et la punition du mépris montré au corps de la bienheureuse bergère, et il manifesta ses craintes à sa femme. Celle-ci, rentrant en elle-même, se recommanda aussitôt à la servante de Dieu, lui promettant de réparer sa faute. La nuit suivante, s'étant réveillée tout-à-coup, elle vit sa chambre remplie d'une vive clarté, et au milieu de cette lumière, lui apparut brillante et glorieuse, sainte Germaine qui, la regardant avec une grande douceur, lui promit la guérison pour elle et pour son fils. Aussitôt la vision disparue, elle appela à haute voix les gens de la maison, et leur raconta tout ce qui lui était arrivé. Puis, passant les mains sur sa poitrine, elle s'aperçut à sa grande surprise que l'ulcère était fermé et parfaitement guéri. Enfin, elle se fit apporter son enfant qui n'avait pris aucune nourriture depuis deux ou trois jours, et qui aussitôt saisit avidemment la mamelle, comme si jamais il n'avait rien souffert.

On peut aisément s'imaginer quelle fut la joie de la famille après un miracle si inattendu. Tous rendirent mille actions de grâces à Dieu, et, le lendemain matin, ils se transportèrent à l'église pour y honorer solennellement la servante de Dieu.

Le bruit que fit de tout côté ce prodige réveilla dans le peuple le souvenir des vertus de Germaine, et fit naître dans les cœurs l'espérance fondée d'obtenir par son intercession des grâces et des secours dans leurs besoins.

Le corps fut placé dans une châsse de plomb, faite aux frais de la dame guérie nouvellement, et transférée à la sacristie. La foule des fidèles commença dès-lors à se rassembler autour de ce sacré dépôt, et à présenter ses demandes à l'humble bergère, devenue célèbre dans les environs. Et c'est alors que commença aussi cette série non interrompue de miracles que Dieu s'est plu à opérer jusqu'à nos jours pour l'exaltation et la gloire de sa servante.

## § IX.

*Reconnaissance authentique du corps de sainte Germaine et nouvelle translation qui en fut faite.*

La dépouille mortelle de sainte Germaine resta dans le lieu dont nous avons parlé jusqu'en 1661, époque à laquelle eut lieu une seconde translation. M. Jean Dufour, chanoine de la cathédrale et vicaire général de Mgr Pierre de Marca, archevêque de Toulouse, étant venu à Pibrac à l'occasion de la visite pastorale, voulut, le 22 septembre, par un acte authentique, faire la reconnaissance du corps de Germaine Cousin, et recueillit des informations sur les miracles que l'on racontait, opérés de Dieu par l'intercession de sa fidèle servante. Je pense que le lecteur nous saura gré de lui citer ici le texte authentique de cet acte qui confirme en grande partie ce que nous avons déjà rapporté.

« Nous, Jean Dufour, prêtre, chanoine et archidiacre de l'église métropolitaine de Saint-Etienne de Toulouse, et vicaire général de Mgr Pierre de Marca, archevêque de ladite ville, nous nous sommes rendus à l'église de Pibrac, localité de ce diocèse, et, après y avoir célébré la sainte Messe et fait oraison devant le maître-autel, étant présent M. Salignac, curé de ladite paroisse, nous avons visité cet autel..... De plus, on nous a montré dans la sacristie une longue caisse en forme de cercueil, dans laquelle nous avons trouvé un corps entier avec tous ses membres unis l'un à l'autre par leurs jointures naturelles, avec la peau étendue sur toutes les parties et la chair sensiblement molle en plusieurs endroits. La chemise était encore intacte, ainsi que le suaire, à l'exception de quelques morceaux qui avaient été coupés. Nous étant informés auprès des vieillards de l'endroit du nom, des qualités, des mœurs de cette personne durant sa vie, de l'époque de sa mort et de l'exhumation du cadavre, il nous a été répondu et certifié par Pierre Paillès et Jeanne Salaire, tous deux plus qu'octogénaires, et habitants de Pibrac, qu'ils avaient connu de son vivant la personne dont ils avaient le corps sous les yeux ; que c'était une jeune fille nommée Germaine Cousin, affligée de scrofules et estropiée d'un bras ; qu'il y avait environ soixante ans depuis sa mort et dix-sept qu'on l'avait exhumée. De plus, le susdit curé nous ayant indiqué avec plusieurs habitants de l'endroit, tant hommes que femmes, le lieu où le corps avait été trouvé lorsqu'on creusait une fosse pour y enterrer une personne de la même famille que Germaine Cousin, nous avons ordonné qu'en notre présence on creusât le terrain dudit lieu, et cela pour vérifier si le corps qui y fut mis avait été conservé intact, et si c'était par une propriété spéciale du terrain que le corps de Germaine avait été préservé de la corruption. Les fossoyeurs ayant découvert le corps qui s'y trouvait, nous l'avons vu, nous, et une quantité de personnes, entièrement putréfié ; les os étaient séparés les uns des autres, et il ne paraissait plus autour ni vêtement, ni peau, ni chair, mais seulement de la poussière et de la pourriture.

» Après cela, étant retournés à la sacristie, nous avons fait fermer le cercueil, comme il l'était auparavant, avec une serrure munie de sa clef, et l'avons placé contre le mur de ladite sacristie, sur deux banquettes, à la hauteur d'environ neuf palmes et à droite de la table. Dans ce moment même, il nous a été mis entre les mains par le curé un livre dans lequel on a relaté le récit authentique, souscrit par des notaires et des témoins, de diverses guérisons obtenues par plusieurs personnes qui s'étaient dévotement recommandées aux prières de la bonne servante de Dieu dans leurs infirmités, telles que : les scrofules, la paralysie, les ulcères, les fièvres, les coliques, les maux d'yeux, la cécité, les fluxions, les tumeurs, les hydropisies et autres maladies. Nous entendîmes diverses personnes, qui avaient été témoin de quelques-unes de ces guérisions, nous certifier avoir vu les malades durant leurs infirmités avant l'accomplissement de leurs vœux, et depuis dans l'état d'amélioration survenue après leurs prières. Nous avons statué qu'il sera procédé à une enquête juridique sur la réalité des susdites guérisons par l'examen des personnes qui ont reçu ces faveurs, et à cet effet, un commissaire spécial sera député par nous. En attendant l'exécution de ces ordres, nous défendons au curé et à qui que ce soit d'exposer en public ni le corps, ni même aucune de ses parties, afin de leur faire rendre par les fidèles quelque culte exprès et particulier. Nous défendons également qu'il soit ôté du lieu où nous l'avons déposé, le tout, sous peine d'excommunication, jusqu'à ce qu'il plaise à la divine Providence de continuer à manifester sa volonté à ce sujet et qu'il en soit ordonné autremement par l'Eglise, etc..... »

Cette pièce prouve que dans l'espace de seize années qui s'écoulèrent depuis la première invention du corps de Germaine jusqu'à sa seconde translation, on comptait déjà un grand nombre de guérisons miraculeuses d'infirmités de toute espèce, opérées par l'intercession de Germaine. Quelle fut la raison pour laquelle, ni alors, ni plusieurs années après, on ne fit cette information juridique sur les guérisons qui avaient été ordonnées par l'archidiacre? Nous n'en savons rien. Mais cette négligence fut cause que, dans la suite, il devint impossible de recueillir des détails particuliers sur la vie de notre sainte, surtout par des témoins oculaires. Parmi ceux qui, en 1661, étaient encore en vie, quoique fort âgés, se trouvaient Pierre Paillès et Jeanne Salaire, dont nous avons parlé plus haut, et qui avaient été précisément présents au prodige des fleurs trouvées en place de pain dans le tablier de Germaine. Il nous faut arriver ensuite jusqu'à l'année 1700 pour recueillir les pièces d'un procès assez bref, dressé par les ordres de l'évêque du diocèse et dont nous allons parler.

§ X.

*Autre reconnaissance du corps resté toujours sans corruption, et court procès d'information sur les miracles.*

Comme le concours des fidèles au sépulcre de sainte Germaine croissait tous les jours et que la renommée des nombreux prodiges qui s'y accomplissaient se répandait partout, les archevêques de Toulouse et surtout Mgr de Carbon et Mgr de Colbert, qui lui-même avait visité en 1698 la paroisse de Pibrac, ne manquèrent pas de prendre les dispositions nécessaires pour faire instruire des procès d'information sur la vie, les vertus et les miracles de la servante de Dieu. La commune même de Pibrac, après délibération, nomma dans le même but son procureur auprès des autorités ecclésiastiques, M. Jacques de l'Espinasse, avocat au parlement de Toulouse, et alors maire dudit village. Ce procureur pressa avec beaucoup de zèle la venue du R. P. Joseph Morel, vicaire général de l'archevêque et prêtre de l'Oratoire, lequel se rendit, le 5 janvier 1700, comme juge délégué à la paroisse de Pibrac.

A peine sut-on son arrivée prochaine, ainsi que la cause pour laquelle il venait, qu'une grande foule de peuple accourut aussitôt à l'église, même de tous les environs, de sorte que dès la première matinée, le vicaire put donner la sainte communion, à près de cinq cents personnes. Entre autres témoins qui se presentèrent pour déposer, il y eut François Parès et Pierre Fougasse, qui, dans l'an 1644, s'étaient trouvés présents à la première invention du corps de sainte Germaine. Ensuite on procéda à une nouvelle reconnaissance du corps de la sainte, qui fut trouvé dans le même état de conservation qu'avaient constaté les actes authentiques faits en 1661, par le vicaire général, Jean Dufour, et que nous avons rapportés plus haut.

L'identité du corps, une fois prouvée, on commit deux des meilleurs chirurgiens pour examiner avec soin tout le corps, selon les règles de l'art, et pour donner par écrit et sous la foi du serment, leur opinion touchant son état. L'un et l'autre, après avoir fait leurs observations, certifièrent dans leurs actes qu'il n'apparaissait aucun signe que ce cadavre eût été embaumé, que pour eux ils étaient très convaincus du contraire; et que dès-lors sa conservation parfaite, surtout pour les parties et les membres qui sont les plus sujets à la corruption, comme les oreilles et la langue, ne pouvait s'attribuer à un effet naturel. En outre ils ajoutèrent qu'à leur avis la divine Providence avait pu seule opérer ce prodige, d'autant plus évident que la qualité du terrain et la condition du lieu où il avait été déposé pendant quarante-trois ans, et sans aucun préservatif, le corps de la servante de Dieu était tout à fait contraire à sa conservation.

Après cela, on en vint à l'examen des miracles ; mais les témoins qui se présentèrent, soit pour rapporter des faits les concernant euxmême, soit pour déposer de ce qu'ils avaient vu, furent si nombreux qu'il devint nécessaire, afin de ne pas prolonger indéfiniment le procès de choisir seulement un petit nombre de miracles, en réservant l'examen des autres à plus tard. Avant de passer outre nous allons en citer quelques-uns.

§ XI.

*Divers miracles déposés dans le procès de 1700.*

Anne Frégand, pauvre femme de Pibrac, était cruellement affectée de scrofules, et après quatre ans de remèdes, loin d'éprouver quelque amélioration, son mal n'avait fait que s'accroitre. Désespérant de pouvoir guérir par les remèdes humains, elle se mit, en 1664, à implorer avec une vive confiance l'intercession de la bienheureuse bergère, sa compatriote. Dès le même instant, elle en obtint la grâce qu'elle désirait : ses plaies se cicatrisèrent, et elle fut pour toujours délivrée de ces ulcères, dont peu de temps auparavant on l'avait vue toute couverte, et dont, à la grande surprise de tous les habitants du village qui la connaissaient, on n'apercevait presque plus les traces. Vingt ans plus tard, il lui survint une fluxion à l'œil droit, elle en perdit tout-à-coup l'usage durant l'espace de dix-huit mois. Elle recourut alors à sainte Germaine, et elle en obtint cette nouvelle grâce. Elle se présenta elle-même, en 1700, au P. Morel, et de vive voix, ainsi que par écrit, elle rendit témoignage de ces deux guérisons prodigieuses.

L'état dans lequel se trouvait, en 1670, M. Romenguères, vicaire de Pibrac, était encore plus dangereux et vraiment digne de compassion. Pris dans tous les membres d'une paralysie générale, il ne pouvait se mouvoir sans très grande peine, et sans recourir à l'aide d'autrui. Tous les soins des médecins étaient restés sans effet; il demanda à être transporté dans l'église, et placé près du cercueil qui renfermait le corps de Germaine. Là, plus de cœur que de bouche, il se recommanda avec ferveur à elle, et au même instant, il sentit circuler dans tout son corps une nouvelle vigueur ; il sentit ses forces revenir. Certain qu'il était guéri, il se leva de lui-même, alla aussitôt se revêtir des habits sacerdoteaux ; il célébra la messe en la présence de tout le peuple, qui ayant été témoin du miracle, s'unit à lui, pour rendre mille actions de grâce à Dieu.

A quelques kilomètres de Pibrac, dans le territoire de Cornebarrieu, se trouvait une pauvre enfant de douze ans, complétement paralytique, et nommée Bernarde Roques. Depuis plus de quatre ans, abandonnée des médecins, elle supportait avec calme son infirmité, qu'on avait jugée incurable, lorsque ses parents, frappés du bruit répandu dans les pays d'alentour des nombreux prodiges opérés au sépulcre de sainte Germaine, résolurent, en 1677, de porter leur enfant à Pibrac. Pleins de confiance, ils se mirent en route, et arrivés à l'église, ils firent célébrer une messe ; puis, ayant obtenu quelques reliques de la servante de Dieu, ils les appliquèrent à leur fille, laquelle, se sentant guéri, se leva aussitôt de terre. Après avoir fait ses dévotions et rendu d'infinies actions de grâces à Dieu, elle s'en retourna avec eux, faisant le chemin à pied, délivrée de tout mal.

A Colomiers, autre village peu éloigné de Pibrac, vivait, en 1688, Jean Delaprat, avec ses trois enfants ; l'un était un garçon âgé de dix-huit ans, et les autres des filles, dont l'une avait vingt-deux ans, et l'autre vingt-trois ans. Tous, tant le père que les enfants étaient couverts, sans doute par effet de quelque vice originaire du sang, d'ulcères scrofuleux qui, sur plusieurs points du corps, se trouvaient en continuelle suppuration : Sachant que sainte Germaine, après avoir elle-même, durant le cours de sa vie, souffert ce mal avec tant de résignation, s'était montrée plusieurs fois propice envers ceux qui s'étaient recommandés à elle pour en obtenir la guérison, ils résolurent tous les quatres de faire un vœu à notre humble bergère. Ils se rendirent donc à pied à l'église de Pibrac, où avec beaucoup de dévotion ils entendirent la messe. Ensuite ils s'approchèrent du sépulcre de la sainte, et se plaçant dessus, ils la prièrent de vouloir bien les secourir; ils furent aussitôt exaucés dans la mesure de leur vive confiance, car avec autant de surprise que de joie, ils se virent tous les quatres guéris par ce seul contact.

§ XII.

*Autres miracles arrivés durant le XVIII<sup>me</sup> siècle.*

Outre les miracles dont nous avons parlé, il s'en trouve encore d'autres qui eurent lieu avant l'année 1700, et qui sont rapportés dans le court procès dressé par le P. Morel. Dès-lors la dévotion du peuple envers sainte Germaine, au lieu de diminuer, allait toujours croissant, et un grand nombre de pèlerins, même des pays éloignés, commencèrent à venir implorer des grâces et accomplir des vœux. Je vais raconter quelques-uns des événements les plus éclatants dont il est fait mention dans les registres authentiques de la paroisse :

A Caubéac, François Tissinier, sourd-muet de naissance, conserva cette infirmité jusqu'à l'âge de vingt ans. Alors, ayant su que par l'intercession de la bienheureuse bergère de Pibrac il s'accomplissait de nombreux miracles, il supplia par signes, du mieux qu'il put, M. Bourguet, prêtre et vicaire de Lèguevin, de vouloir bien venir avec lui à Pibrac, et y célébrer la messe à son intention. Le 9 juin 1702, ils se rendirent ensemble à l'église de Pibrac, et pendant que le prêtre offrait le saint sacrifice, le bon François, se recommanda avec une foi vive à sainte Germaine. La messe étant terminée, il suivit le prêtre à la sacristie, et d'une voix claire et ferme, il le remercia de sa bonté. Tous les assistants étonnés lui firent diverses questions pour s'assurer du prodige qui venait de lui faire recouvrer la parole et l'ouïe. Il parla à tous et à chacun répétant plusieurs fois son nom, ceux de son pays, et de ses parents ; enfin répondit à tout ce qu'il leur plut de lui demander. A ce prodige se trouvèrent présents, le comte de Pibrac, trois prêtres et cinq autres personnes, qui tous opposèrent leur signature à la relation qui en fut faite dans les livres de la paroisse.

Jean Serres, fils d'un riche négociant de Toulouse, éprouva à la suite de je ne sais quelle maladie qui lui était survenue à l'âge de dix-huit ans, une telle rétraction de nerfs, qu'il en resta extropié d'une jambe, dont il ne pouvait plus faire aucun usage. Cette incommodité l'obligeait pour marcher et pour se tenir droit, à employer les béquilles. Il y avait déjà un an qu'il traînait ainsi misérablement sa vie, sans aucune espérance de guérison ; mais il eut l'heureuse inspiration de faire un vœu à la miraculeuse bergère de Pibrac, et sans perdre de temps, il se fit conduire au sépulcre de la servante de Dieu. C'était le 9 septembre 1703, après s'être confessé et avoir communié, en présence du curé et d'une grande foule de peuple, il jeta par terre ses béquilles et se mit à marcher librement à travers l'église, en s'écriant à haute voix: Miracle! miracle! Après avoir rendu à Dieu de très profondes actions de grâces, il retourna chez lui, à Toulouse, sain et vigoureux.

Le seize octobre de la même année, Marie Pennetier, de Toulouse, fut miraculeusement guérie, non pas d'une seule, mais de plusieurs maladies fort compliquées. Depuis nombre d'années, elle était affectée continuellement de vives douleurs d'entrailles, qui ne lui laissaient pas un instant de repos. Fréquemment il lui venait des vomissements convulsifs, et outre cela elle portait au visage une plaie qui, malgré tous les remèdes qu'on lui appliqua, ne put jamais se fermer. A peine eut-elle promis de se transporter au tombeau de sainte Germaine, que sa plaie guérit tout-à-coup; puis aussitôt qu'elle eut exécuté sa promesse, en se rendant à l'église de Pibrac, tous ses autres maux disparurent, et elle recouvra une parfaite santé.

De la même teneur, sont les relations des grâces obtenues par l'intercession de sainte Germaine, durant tout le cours du XVIII$^{me}$ siècle. On peut dire qu'il n'y a pas d'années, ni même de mois, où Dieu ne se soit plu à glorifier son humble servante par d'éclatants prodiges. On en trouvait la preuve dans les nombreux ex-voto d'argent et dans les tableaux suspendus autour du sépulcre et sur toutes les murailles de la sacristie. Je dépasserais toute mesure, si je voulais m'arrêter à faire un choix parmi les miracles même les plus extraordinaires. Je me contenterai d'ajouter quelques faits merveilleux, arrivés sur la fin du siècle dernier, quand déjà en France sévissait la persécution, et dominait l'esprit d'impiété. Je les rapporterai presque dans les même termes qu'employèrent dans leurs dépositions les témoins tous dignes de foi.

Jeanne-Marie Miquel, de Toulouse, après avoir prêté le serment de dire la vérité, a déclaré que, dès son enfance, elle fut atteinte d'une fluxion rhumatismale, de laquelle s'en suivit une paralysie obstinée dans les jambes. Cette infirmité lui dura jusqu'à l'âge d'environ sept ou huit ans, et elle ne pouvait se mouvoir qu'à l'aide de deux béquilles. Une faveur signalée de la protection de la servante de Dieu rendit à cette enfant l'usage de ses membres. En effet, ayant été conduite en 1784 par son père dans l'église de Pibrac, durant la messe, juste au moment de l'élévation, elle se leva, et se mit à genoux sans le secours de personne. La consécration terminée, elle se releva et s'assit également sans aucun appui. Après la messe, elle marcha librement à travers l'église, et dès-lors elle conserva toujours le libre usage de ses jambes. Les béquilles furent déposées en témoignage de ce fait près de la tombe de la servante de Dieu.

Jean-Baptiste Teulade, fils aîné d'un négociant de Toulouse, était né aveugle. Toute la famille en était fort affligée, d'autant plus qu'on avait employé pour le guérir bien des remèdes restés tous inutiles. Par l'intercession de sainte Germaine il recouvra en un instant la vue, et voici comment, d'après la déposition qui en fut faite par le sieur Jean Portès. Un jour la mère versait d'abondantes larmes sur le sort de son enfant aveugle, la servante de la maison, jeune fille pleine de piété l'exhorta à mettre sa confiance dans la protection de la vénérable Germaine Cousin. Animée par ces paroles, la pieuse dame pria sa servante d'aller elle-même à Pibrac et d'y faire célébrer une messe pour obtenir de la bienheureuse bergère la grâce si désirée. La servante s'y rendit l'an 1784, et pendant qu'elle priait dans l'église, l'enfant aveugle qui était resté chez lui et s'amusait sur son lit, s'écria tout-à-coup : Oh! maman, que de belles choses je vois, et du doigt il indiquait les fleurs de diverses couleurs qui étaient peintes sur la courte-pointe. La mère en l'entendant ne put contenir son étonnement et sa joie. Elle appela sur le champ ses amies et ses voisines pour venir voir le miracle. En effet, le miracle avait eu vraiment lieu ; car l'enfant avait complétement recouvré la vue, et, comme on le sut bientôt après, au même instant où la servante priait pour lui devant le tombeau de sainte Germaine.

Marguerite Lassalle, également de Toulouse, se fit par une chute une grave luxation au genoux. Elle eut recours aux médecins et aux chirurgiens sans en tirer aucun profit, et les soins qui lui furent donnés, durant l'espace de huit mois, ne servirent à rien autre chose qu'à exercer sa patience. Elle demeura dans un état déplorable, ne pouvant plus se mouvoir qu'à grand peine et toujours aidée de quelqu'un. Le chirurgien, après avoir épuisé toutes les ressources de son art, la déclara enfin incurable et l'abandonna. Se voyant ainsi sans espoir du côté des secours humains, elle se recommanda à l'intercession de sainte Germaine le 4 juillet 1785. Elle se fit transporter à Pibrac, mais ce ne fut pas sans difficulté ni sans éprouver durant la route de très vives souffrances. Entrée dans l'église et avant d'arriver près de l'autel, les porteurs furent obligés de s'arrêter, vu que la pauvre femme poussait les hauts cris dans l'excessive douleur que lui causait le mouvement. Posée à terre, elle se confessa dans la chaise à porteur où elle était, et y entendit la messe demeurant assise jusqu'au moment de la consécration. Ce fut alors qu'elle se mit à genoux d'elle-même et elle ne se releva que complétement guérie pour aller, après la messe terminée, visiter dans la sacristie le sépulcre de sa céleste bienfaitrice, et lui rendre les plus sincères actions de grâces. Ce prodige arriva le jour indiqué plus haut, en présence de Jean Moré, diacre, de Jean Pierre Dufossat, de Marguerite Colines, du R. P. Bazile, religieux carme, vicaire de Pibrac, et du curé de l'endroit, qui tous ont attesté avec serment ce prodige.

Enfin, j'ajoute la relation que laissa sous serment, dans la paroisse de Pibrac, Marie Jor, âgée de 60 ans. En voici la teneur : « Une de ses tantes, Bernarde Pagnon, descendit chez elle en 1796, lorsqu'elle passait par Toulouse pour se rendre à Pibrac. La déposante se rappelle fort bien, quoiqu'elle n'eût alors qu'environ 12 ans, que ladite Bernarde ne pouvait se mouvoir sans l'aide de ses béquilles, et que pour descendre l'escalier elle devait se traîner sur son dos. Ce fut dans cet état d'infirmité qu'elle la vit partir pour se rendre au sépulcre de la servante de Dieu, Germaine Cousin, afin d'implorer sa protection. Le soir de ce même jour, elle la revit revenir à la maison parfaitement guérie, marchant sans aucun aide, avec facilité. Bernarde et une de ses nièces, qui l'avait accompagnée, racontèrent aussitôt à la famille de la déposante, laquelle était aussi présente au récit, ce qui était arrivé au moment de la guérison. Elle leur dit que vers la fin de la messe elle se sentit guerie et remplie de tant de vigueur qu'elle put accompagner la procession des rogations que l'on fesait en ce jour et qu'elle avait laissé ses béquilles suspendues au tombeau de sa bienfaitrice, en témoignage de reconnaissance et comme preuve du prodige. La déposante affirme que ce ne fut pas alors seulement que les circonstances de ce fait extraordinaire lui furent racontées, mais encore maintes autres fois lorsque ses parents en fesaient mention, et que chaque fois qu'elle allait avec sa mère à Pibrac, celle-ci lui montrait les béquilles appendues aux murailles de la sacristie, et lui disait que celles de sa tante s'y trouvaient encore. Enfin, elle assure que Bernarde a conservé jusqu'à la mort l'usage de ses membres.

## § XIII.

*Les impies ensevelissent sous terre, au milieu de la chaux vive, le corps de sainte Germaine. Après deux ans, on la retrouva dans un état presque complet de conservation.*

Avant l'époque du dernier prodige que nous avons raconté, c'est-à-dire en 1793, le corps de sainte Germaine avait été enlevé par des mains sacriléges du lieu où il se trouvait enseveli dans la terre. Vers la fin du dix-huitième siècle, la France, comme tout le monde le sait, fut livrée tout entière à la confusion et à l'anarchie. La famille royale ayant été renversée du trône et la république proclamée, il s'éleva au pouvoir une quantité d'hommes impies, scélérats et cruels, qui, dès qu'ils prirent les rênes du gouvernement, commencèrent une guerre acharnée contre la religion, employant toute sorte d'artifices et même de violences pour l'arracher du cœur des fidèles. On vit en peu de temps les évêques chassés de leurs siéges, les prêtres et les autres ministres du sanctuaire envoyés en exil, tenus en prison, persécutés et même tués cruellement par centaines. De plus, tout culte divin fut proscrit, les églises dépouillées, les autels renversés, les choses saintes profanées, les os et les reliques des martyrs brûlés et jetés au vent ; les statues mises en pièce et les images déchirées. Des commissaires parcouraient toutes les villes et les villages, investis d'un pouvoir illimité, portant partout la désolation et la ruine, et chacun pouvait à son gré insulter, profaner et piller tout ce qu'il y a sur terre de plus sacré et de plus vénérable, et malheur à qui osait parler contre ces excès ou même faire entendre la plus petite plainte.

Il n'est pas étonnant que l'église de Pibrac, ainsi que le sépulcre de sainte Germaine aient dû dans ces temps malheureux éprouver le même sort que tant de choses saintes. Les révolutionnaires, qui alors dominaient à Toulouse, ne pouvaient certainement pas voir sans dépit ce concours de peuple qui se rendait tous les jours de différentes parties du pays vers le tombeau de l'humble bergère, afin d'en vénérer les restes sacrés. Le bruit que fesaient les grands et nombreux prodiges opérés par l'intercession de la sainte était un tourment pour les oreilles de ces hommes qui avaient en horreur tout ce qui était religieux et surnaturel. C'est pourquoi ils délibérèrent d'anéantir, s'il leur était possible, le corps de notre vénérable Germaine, et, en 1793, ils envoyèrent à cet effet à Pibrac un de leurs commissaires. C'était un certain Toulza, simple potier d'étain, qui, sans autre mérite que son impiété et sa cruauté, s'était par ce moyen élevé jusqu'à devenir un des chefs révolutionnaires du district de Toulouse. Arrivé à Pibrac, il fit ôter de sa place et ouvrir la caisse de plomb dont nous avons parlé, et en retira le corps de la sainte. Puis, les nouveaux magistrats municipaux, qui ne fesaient qu'un avec lui, ordonnèrent à quatre paysans de creuser là même, sous le pavé de la sacristie, une fosse profonde pour y jeter la vénérable relique. Un d'eux s'y refusa, protestant qu'il ne voulait point mettre la main à une œuvre si impie ; les autres trois y consentirent, et, non contents d'avoir jeté le corps dans la fosse, ils répandirent dessus de la chaux vive et une grande quantité d'eau, afin d'en hâter la destruction.

Toutefois, Dieu ne tarda pas à les récompenser selon leurs mérites. Un d'eux fut tout-à-coup frappé de paralysie et perdit l'usage d'un bras ; l'autre se vit atteint d'un mal qui lui tenait le cou tordu et raide, la face toujours tournée vers l'épaule ; enfin, le troisième fut pris, dans toute la moitié inférieure du corps, d'une affection douloureuse qui le rendait incapable de marcher et l'obligeait même, pour se tenir debout, à employer les béquilles. Le dernier demeura toujours dans cet état, sans revenir à lui, jusqu'au jour de sa mort, portant à la vue de tout le monde le terrible châtiment de son impiété. Les deux autres, après vingt ans et plus, rentrèrent en eux-mêmes, et, se repentant de leur crime, ils recoururent avec confiance à l'intercession de sainte Germaine, qui leur obtint la guérison de l'âme et du corps.

Toutefois, la dévotion des gens du pays et leur confiance envers sainte Germaine ne diminuèrent point, bien qu'ils n'eussent plus sous les yeux ses précieuses reliques. On se rendait en cachette à la sacristie, et là, à genoux sur la tombe, on priait et demandait les grâces désirées. Ceux qui ne pouvaient s'en approcher, saluaient de loin leur chère bergère, se recommandaient à elle et en étaient, comme auparavant, secourus dans leurs misères et leurs infirmités. Il se passa même alors une chose que nous aimons à rappeler ici et qui montrera l'attachement inébranlable de ces populations pour l'Eglise catholique et leur prompte obéissance à la voix de leurs pasteurs. On sait qu'à cette époque-là plusieurs paroisses des diocèses de France étaient occupées par des prêtres schismatiques qui avaient prêté serment à la constitution civile du clergé. C'est pourquoi Mgr du Bourg, alors vicaire apostolique, qui plus tard devint évêque de Limoges, afin d'instruire les fidèles de quelle manière ils devaient se conduire dans ces temps malheureux, avait imaginé d'écrire et de publier secrètement un petit journal qu'il répandait en divers endroits du diocèse de Toulouse. Ayant su que dans l'église de Pibrac il se fesait un concours continuel de fidèles autour du sépulcre de sainte Germaine, il avertit dans son journal qu'on ne pouvait point approuver cette dévotion, parce qu'on mettait le peuple dans la nécessité de communiquer avec le curé intrus. Cela seul suffit pour que personne n'osât plus entrer dans l'église, ni dans la sacristie. Toutefois, on voyait ces braves gens empressés à honorer leur compatriote, se mettre à genoux hors de l'église, et de là adresser au ciel leurs prières. Il plut à Dieu de récompenser cette foi simple et droite en leur accordant, par l'intercession de sa servante, plusieurs prodiges qui se trouvent consignés dans les procès.

Cependant, à peine les affaires publiques se furent un peu tranquillisées, que tous les habitants de Pibrac prièrent le maire, Jean Cabriforce, ainsi que l'abbé Montastruc, qui était le curé intrus, de faire exhumer le corps de sainte Germaine, ce qui fut exécuté en 1795. On le retrouva avec la chair desséchée, mais du reste entier et bien conservé, quoiqu'il eût été laissé pendant deux ans, sans préservatif, au milieu de la chaux vive et dans un terrain humide. Bien plus, lorsqu'on souleva un voile qui lui couvrait le visage, on y aperçut quelques gouttes d'un sang frais et vermeil, et l'on put s'imaginer quel effet cette vue produisit sur tout le peuple. Bientôt l'on replaça le corps sacré dans le même lieu d'où on l'avait tiré en 1793, cérémonie qui se fit avec solennité, au milieu des cris de joie et d'allégresse. Plus tard, c'est-à-dire en 1820, il fut transféré dans la nouvelle sacristie ; en 1831, dans la chapelle de Saint-François, et enfin, ces dernières années, dans un monument que l'on construisit sur le terrain du cimetière, et qui est séparé de l'église, en exécution des décrets d'Urbain VIII.

Maintenant il me reste à faire connaître comment depuis l'année 1800 jusqu'à ce jour, Dieu n'a jamais cessé de glorifier les mérites de sa servante, et il serait facile d'en donner des preuves, année par année, en suivant l'ordre chronologique dans le récit des miracles opérés par son intercession. Toutefois, afin de mettre quelque ordre dans cette histoire, sans avoir égard à la succession immédiate des années, je distribuerai les faits en quelques chapitres, selon les divers genres de maladies dont la guérison a été miraculeusement obtenue. Tout ce que nous dirons est conforme à la déposition d'une multitude de témoins, et se lit dans les nouveaux procès dressés par l'autorité apostolique et par celle de l'ordinaire, et tout a eu lieu depuis le commencement de ce siècle.

## § XIV.

### *Aveugles soudainement guéris.*

Un jeune homme, nommé Dominique Gautè, né dans la paroisse de Mauvesin, du diocèse d'Auch, perdit tout-à-coup et complétement la vue ; il recourut aux plus célèbres médecins du pays ; mais ceux-ci, après avoir employé inutilement toute sorte de remèdes, le déclarèrent incurable. Néanmoins, le pauvre jeune homme voulut encore consulter d'autres médecins, et, à cet effet, il se fit transporter en diverses villes, espérant aussi qu'avec le changement de climat il pourrait peut-être trouver quelque remède à sa cécité ; mais tout fut inutile. Venu enfin à Toulouse, il s'adressa à plusieurs médecins qui, réunis en consultation, jugèrent que son mal était une goutte sereine, et par conséquent inguérissable de sa nature. Alors, Georges Gaulè, son frère, qui l'avait accompagné, l'exhorta à se recommander à la sainte Bergère de Pibrac. Dès le lendemain, ils se rendirent ensemble dans ce lieu. Dominique y entendit la messe, et, après s'être vivement recommandé à la servante de Dieu, il se frotta plusieurs fois les yeux avec un morceau d'étoffe qui avait touché le corps de la vénérable. Mais Dieu, qui voulait éprouver sa foi, différait de lui accorder la grâce demandée. Il ne lui arriva rien d'extraordinaire pendant la messe, et quand elle fut terminée, il repartit pour son pays, conservant toutefois dans son cœur une vive confiance. Le long du chemin il commença à voir des voiles de moulins à vent qui tournaient, et, avant d'arriver chez lui, il avait entièrement recouvré la vue.

Elisabeth Gay, jeune fille de dix-huit ans, fut si mal traitée de la petite vérole sur tout le visage, qu'elle perdit la vue. Très longtemps après cet accident, ses parents la conduisirent au sépulcre de sainte Germaine ; là, elle fut en un instant guérie, et jusqu'à sa mort, qui arriva à un âge assez avancé, elle ne souffrit jamais plus des yeux.

Antoinette Estelle, habitante de Pibrac, affirme avec serment qu'un de ses petits enfants perdit la vue à l'âge de deux ans et demi. Pour s'assurer qu'il était réellement aveugle, elle lui plaçait divers objets devant les yeux, feignait de vouloir le frapper au visage, mais l'enfant ne remuait point les paupières et ne donnait aucun signe prouvant qu'il jouît de la vue. Elle le porta au sépulcre de sainte Germaine, et, de retour chez elle, elle s'aperçut qu'il était parfaitement guéri. Elle ajoute dans sa déposition : « Mon fils, qui fut ainsi miraculeusement guéri, a aujourd'hui quarante-trois ans ; il a conservé les yeux en très bon état et il garde encore le souvenir de cette grâce, demeurant plein de reconnaissance envers sa bienfaitrice. »

Encore plus merveilleux paraîtra le fait suivant, accompli sur un petit enfant appartenant à la dame Bertrande Lafont, qui avait reçu au baptême le nom de François. Il était né non seulement aveugle, mais sans aucun signe qui annonçât en lui l'existence de l'organe de la vue. Il tenait les yeux continuellement fermés, et quand on lui soulevait avec effort les paupières, on ne distinguait au-dessous ni pupille, ni globe de l'œil, mais seulement une sorte de carnosité informe. MM. Massol et Duclos, médecins de Toulouse, mirent en œuvre pendant trois mois toute leur habileté, mais sans aucun profit pour le petit malade. Alors, ils déclarèrent aux parents qu'il était inutile de tenter d'autres remèdes, attendu que l'enfant était né aveugle et resterait aveugle toute sa vie. La mère, en entendant ces paroles, tomba dans une grande affliction et résolut aussitôt de ne plus recourir qu'à Dieu seul. Elle plaça son petit

François sous la protection de sainte Germaine, et le soir même elle lui mit sur les yeux, en forme de bandeau, un morceau d'étoffe qui avait touché ses reliques. Vers minuit, elle était encore sur pied, priant pour la guérison de son bien-aimé fils, quand tout-à-coup il lui sembla voir passer sur le berceau de son enfant une auréole resplendissante. On ne peut dire combien à cette vue elle sentit se ranimer sa confiance, et, comme assurée dans son cœur d'avoir obtenu ce qu'elle désirait, elle oublia son sommeil et continua de prier avec plus de ferveur jusqu'au point du jour. Ce fut alors qu'elle retourna auprès de son fils, et en levant le bandage, elle vit s'ouvrir deux beaux petits yeux très vifs qui la regardaient avec un air d'amabilité. A cette vue, elle sauta en arrière, et, ne pouvant plus se posséder de joie, elle se mit à crier de toute la force de sa voix : « Miracle ! miracle ! » Puis, se mettant à la fenêtre, des gestes et de la main elle invita les gens à monter chez elle pour voir tous un miracle. Elle continua ainsi un bon moment dans l'excès de sa joie. A ce bruit, les voisins se montrèrent, et, sachant bien la grande désolation où elle était tombée depuis si longtemps à cause du malheur de son fils, ils pensèrent qu'assurément sa tête n'y avait pas tenu et qu'elle était devenue folle. Néanmoins, comme elle continuait à appeler, ils vinrent en foule au moins pour la contenir. Mais quel ne fut pas leur étonnement, lorsque, arrivés dans la maison, ils virent le petit enfant qui, d'un air souriant, semblait, lui aussi, les inviter à reconnaître la grâce reçue, et tournait de tous côtés ses petits yeux luisants.

A cet aspect, la foule, remplie d'un profond sentiment de dévotion, se mit à son tour à louer Dieu, toujours admirable dans ses saints.

## § XV.
### Guérisons subites des membres contractés et estropiés.

Une pauvre servante avait depuis longtemps les jambes toutes retirées. Elle ne pouvait faire un pas toute seule, ni se mouvoir sans une excessive douleur. Elle demanda avec instance d'être transportée à Pibrac, afin de se recommander à la protection de la vénérable Bergère, et l'on accéda à son désir. Or, voici ce qui arriva, d'après le témoignage de Jean Béral, qui en a déposé dans les procès authentiques : « J'étais dans l'église, dit-il, quand je vis entrer cette jeune fille portée sur un siége. Le prêtre commença la messe que je servais moi-même. Au moment de la communion, l'infirme se leva tout-à-coup et se rendit seule et sans appui à la table sainte. Après avoir reçu la communion, elle s'en retourna de la même manière à sa place, et, la messe terminée, elle se transporta de même à la sacristie, afin de payer à la sainte Bergère son tribut de reconnaissance. Ensuite, elle sortit de l'église accompagnée des gens qui l'avaient portée, et alla prendre quelque réfection dans la maison d'une femme veuve. L'admiration causée dans tout le village par un tel prodige était à son comble, et chacun voulait voir cette infirme désormais guérie. Je la vis repartir pour Toulouse, et l'on m'assura qu'elle avait fait tout le voyage à pied. Les trois années suivantes, elle se fit un devoir religieux de venir remercier sa bienfaitrice, et je la vis moi-même, dans une de ces circonstances, marcher librement et sans qu'il restât aucun signe de son ancienne infirmité. »

Dans un état pire encore se trouvait une autre femme, laquelle, à la suite d'une grave maladie, était devenue si infirme, qu'elle était contrainte à marcher toute courbée, comme si elle avait eu les vertèbres disjointes ou disloquées. Outre les continuelles douleurs qu'elle éprouvait, il lui était impossible de se tenir sur ses pieds. Or, pendant qu'elle entendait la messe à l'église de Pibrac, et qu'avec beaucoup de recueillement elle se recommandait à sainte Germaine, tout-à-coup, au moment de l'élévation de la sainte Hostie, elle fit entendre un cri. Tous les regards des assistants se dirigèrent sur elle. Un moment après, elle se redressa et se trouva guérie. Le peuple, à cette vue, ne put retenir ses larmes et accompagna la femme qui se rendit aussitôt vers le sépulcre de la servante de Dieu, afin d'y accomplir son vœu.

Une enfant, nommée Marie Térisse, resta à l'âge de deux ans estropiée et difforme de tous ses membres. Elle ne pouvait ni marcher, ni se servir de ses bras, même pour prendre sa nourriture. La mère et les autres parents résolurent de la porter à Pibrac; y étant arrivés, ils ne purent obtenir, à cause du grand concours de pèlerins, que la messe fût dite ce jour-là même à l'intention de l'infirme. Après avoir prié au sépulcre de la sainte, ils convinrent avec le curé que de là à une quinzaine il serait célébré une messe pour leur enfant. Ils retournèrent chez eux, et, le jour fixé pour le saint Sacrifice, l'enfant, à la grande surprise de toute la famille, fut tout-à-coup guérie, pendant que le prêtre priait pour elle dans l'église de Pibrac.

Une guérison toute semblable fut celle de Marie Miston, enfant qui n'était âgée aussi que d'un petit nombre d'années. Cette petite fille avait les membres noués et contractés. Les parents, bien qu'hérétiques calvinistes, déterminés par la renommée des nombreux miracles que l'on disait opérés au tombeau de la bergère de Pibrac, résolurent de s'y rendre avec l'infirme. Arrivés à l'église, ils s'approchèrent du sépulcre de la servante de Dieu, et après s'être recommandés à elle, ils offrirent quelques dons et firent célébrer la messe. N'ayant rien obtenu, ils s'en retournèrent chez eux tout désolés ; mais à peine étaient-ils arrivés à leur maison que l'enfant, s'échappant de leurs mains, se mit à courir librement dans les chambres. A cette vue, le père ne put s'empêcher de s'écrier que c'était là un prodige manifeste.

§ XVI.

*Paralytiques instantanément guéris.*

A l'hôpital de Saint-Joseph de la Grave, à Toulouse, il y avait une pauvre femme paralytique depuis douze ans ; elle avait la moitié inférieure du corps insensible et comme sans vie ; elle ne pouvait, même en se traînant, se rendre pour entendre la messe à la chapelle qui se trouvait à quelques pas de son lit, mais il fallait qu'on l'y portât sur une chaise à bras. Inspirée de Dieu, elle demanda d'être transportée au sépulcre de sainte Germaine. Ce qui lui fut accordé. Là, pendant qu'elle priait, en présence d'une vingtaine de personnes qui l'avaient suivie afin de voir ce qui arriverait, elle se leva tout-à-coup pleine de santé. Toute joyeuse elle s'en retourna à pied à Toulouse et rentra d'un air dégagé à l'hôpital, où personne, à la vue d'une guérison si prompte et si parfaite, ne put retenir son étonnement et son allégresse.

Après une maladie grave qu'elle eût à l'âge de vingt-cinq ou trente ans, la nommée Julie Vals perdit tout-à-fait l'usage du bras et de la jambe droite, qui étaient frappés d'une forte paralysie... Au bout de trois ans, sa jambe se rétablit, mais le bras resta toujours dans le même état d'infirmité. Les soins de plusieurs médecins ne lui procurèrent aucune amélioration et son mal alla toujours au contraire en empirant, au point que les doigts de la main étaient fermés et réunis de façon à ne former plus, pour ainsi dire, qu'un seul morceau de chair comme morte. Le chirurgien, pour s'assurer de cet état d'insensibilité, lui enfonça dans le bras plus de la moitié d'une aiguille assez longue; mais celle-ci ne fit aucun signe ni aucun mouvement qui pût faire supposer qu'elle eût éprouvé la plus petite douleur. Après cette épreuve, les médecins s'accordèrent à dire que le mal était incurable. Julie alors n'ayant plus à espérer sur la terre aucun aide de l'art des médecins qui s'étaient déclarés impuissants, recourut avec d'autant plus de confiance à sainte Germaine. Elle se rendit donc à Pibrac et y reçut la sainte communion; un instant après elle sentit courir dans tout le corps un frisson subit qui la fit tomber évanouie à terre. Les assistants accoururent aussitôt pour la relever ; mais peu après étant revenue à elle, elle souleva son bras malade, ouvrit sa main, étendit les doigts et dès ce moment elle fut complétement guérie.

Il y avait déjà quatorze ans que Barthelémy Fourcade, tailleur de profession, ne pouvait se tenir sur ses pieds, sinon à l'aide de béquilles, à cause de la paralysie qui affectait une de ses jambes. Il alla lui aussi à Pibrac, et à peine eût-il reçu la sainte communion et se fut-il recommandé à sainte Germaine qu'il sentit se répandre dans son corps une nouvelle vigueur, et sa jambe depuis si longtemps paralysée se trouva guérie. Reconnaissant d'un si grand bienfait, il suspendit ses béquilles au tombeau de la servante de Dieu et retourna joyeux dans son pays.

Bernard Terré, âgé de quatorze ans, avait perdu par la paralysie la moitié du corps. L'état du pauvre jeune homme était bien digne de compassion ; il ne pouvait rester ni debout ni assis sans éprouver d'excessives douleurs, et pour lui faire prendre quelque repos il fallait le placer avec précaution sur un siége dans une position où il fût à demi assis et à demi couché. Plusieurs médecins de renom furent appelés et ils firent tout ce qui fut en leur pouvoir, au moins pour soulager ses souffrances ; mais au lieu d'en tirer quelque soulagement, la maladie semblait empirer de jour en jour. Tous les remèdes humains étant devenus inutiles, les parents résolurent d'employer les secours divins, et comme le bruit des nombreux miracles qui s'accomplissaient à Pibrac au tombeau de sainte Germaine Cousin était parvenu jusqu'à eux, le père du jeune homme prit le parti de s'y rendre ; il le fit l'année 1838. Il fit célébrer une messe et donna au curé une offrande de 5 francs. Après avoir prié pour la guérison de son fils, avant de partir de Pibrac il acheta un petit livre dans lequel étaient racontées les vertus de la servante de Dieu et les grâces qu'on avait reçues par son moyen. De retour à la maison il le donna à lire à son fils, l'exhortant à mettre toute sa confiance dans la bienheureuse bergère. L'enfant le lut, mais il n'en était point encore arrivé à la moitié que tout-à-coup il se leva sur ses pieds et accourut sans difficulté vers son père en criant : Je suis guéri, la bienheureuse bergère m'a accordé la grâce. En effet, il était complétement rétabli.

§ XVII.

*Guérisons instantanées de plaies et d'ulcères.*

A une jeune fille de dix ans, nommée Maria Martin, survint une tumeur à la joue qui peu de temps après s'ouvrit et forma une plaie qui dégénéra en fistule. La douleur qu'elle ressentait était extrême et ce n'était qu'avec une très grande difficulté que de temps en temps elle pouvait prendre un peu de nourriture. Plusieurs médecins furent consultés et tous furent d'avis qu'il fallait en venir à l'opération. Cependant la mère de l'enfant ayant plus de confiance à l'intercession de la servante de Dieu, Germaine Cousin, qu'au secours de la médecine, se disposa à transporter la malade à Pibrac. Elle s'y rendit en compagnie de quelque parent, malgré le sentiment du médecin qui avait déclaré que l'agitation du voyage pourrait faire revenir la fièvre disparue depuis quelques jours. Après avoir entendu la messe dans l'église de Pibrac et reçu la sainte communion, les parents conduisirent l'enfant au sépulcre de la Sainte. Or, pendant qu'ils y priaient avec beaucoup de ferveur, la mère vit l'emplâtre qui recouvrait la joue de sa fille se détacher de lui-même. Aussitôt elle y porta la main pour l'enlever, et à son grand étonnement, elle vit la plaie complétement fermée et disparue; il n'était resté sur le visage qu'une vive rougeur qui peu de jours après disparut aussi complétement.

Un autre petit enfant âgé seulement de quinze jours, né de Bernardine Fauré, vint au monde dans un si mauvais état de santé qu'il s'ouvrit une plaie sur son épaule gauche, laquelle en peu de jours se gangréna et n'y laissa plus dans cet endroit que des os nus et décharnés. La pieuse mère eut aussitôt recours à Germaine Cousin et ayant reçu de sa voisine un morceau d'étoffe qui avait touché le corps de la sainte, elle l'appliqua sur le corps de l'enfant. Elle le fit à onze heures du matin et l'effet, comme elle le dépose elle-même, fut si rapide que le soir même la plaie fut toute refermée, la chair et la peau étaient revenues à l'épaule qui avait repris sa couleur ordinaire. Dans la suite, l'enfant a joui d'une parfaite santé.

Anne Dubarry dépose qu'un de ses frères nommé Simon eût le pied attaqué d'une humeur froide qui produisit bientôt dans cette partie une plaie fort désagréable. Malgré les nombreux remèdes qui y furent employés, le mal allait toujours croissant et, d'après le sentiment des médecins, il était à craindre que l'enfant ne demeurât estropié toute sa vie. Il y avait treize mois qu'il souffrait des douleurs aiguës, lorsqu'il fut porté au tombeau de sainte Germaine Cousin, accompagné de sa sœur elle-même. Là, ils prièrent dévotement, entendirent la messe et firent toucher aux précieuses reliques des morceaux d'étoffe qu'on plaça ensuite sur la plaie. Huit jours après le jeune Simon était guéri et à peine voyait-on sur le pied une trace de cicatrice.

Plus instantanée fut la guérison de Marie Cals, qui était atteinte d'un mal encore plus grave. Voici comment un témoin oculaire rapporte le fait sous la foi du serment dans les procès de la canonisation. « Marie Cals nous exposa que depuis deux ans elle souffrait d'indicibles douleurs causées par un ulcère qui lui était survenu au sein. L'écoulement du pus était continuel et il répandait une odeur si fétide qu'on ne pouvait point se tenir auprès d'elle, même à dix pas de distance. Par suite de cet écoulement et des douleurs qu'elle endurait, la malheureuse femme, qui autrefois était l'image de la santé, était réduite à un tel état d'exténuation qu'elle pouvait à peine se soutenir : c'était un cadavre ambulant. Les médecins du voisinage avaient employé en vain tous les moyens possibles pour la guérir. Touché de compassion, je l'exhortai à recourir avec confiance à sainte Germaine, et lui donnant du courage je l'engageai à se confesser et à faire la sainte communion. Nous fimes trois neuvaines pour elle à sainte Germaine et quand elle eut le bonheur de s'unir à Dieu par la sainte communion, ce qui arriva, autant que je puis me le rappeler, le dernier jour de la troisième neuvaine, elle ne ressentit plus aucune douleur, et ayant regardé l'ulcère, elle le vit complétement guéri. Alors, pleine de joie, elle appela ses voisines et leur fit voir sa plaie cicatrisée. Toutes s'écrièrent au miracle et remercièrent avec elle la bienheureuse Germaine. »

## § XVIII.

### *Guérisons miraculeuses de divers genres d'infirmités.*

Rose Brousse eut un fils qui, six mois après sa naissance était en danger de mourir. Il fut pris d'une série continuelle de maladies qui se succédant l'une à l'autre réduisirent à l'état de squelette le corps de ce pauvre petit enfant. Le médecin qui le soignait voyant que tous les remèdes devenaient inutiles, le regarda comme étant désormais perdu. Néamoins la mère ranimant sa foi, invoqua aussitôt le secours de Germaine et se mettant en voyage, elle porta son fils à Pibrac. Le curé en voyant ce pauvre enfant fut pris de piété et dit à la mère que selon toute les apparances elle ne le rapporterait point vivant à Toulouse. Cependant, il arriva au contraire que, dès ce moment même, l'enfant commença à se rétablir, et peu après il fut guéri complétement.

Marie Blancal, de Villemur, jeune fille de dix-huit ans, avait un anévrisme au cœur, dont les symptômes étaient fort dangereux et même mortels. La douleur qu'elle en ressentait était si forte qu'elle ne pouvait faire un pas sans s'arrêter. On eut recours pendant six mois aux soins des médecins ; mais tout fut inutile, car la maladie au lieu de disparaître augmentait sensiblement. L'infirme n'ayant plus rien à attendre des moyens humains, résolut d'aller à Pibrac, et d'implorer la protection de sainte Germaine. Pendant qu'elle entendait la messe, les douleurs augmentaient au-delà de toute mesure ; mais lorsqu'elle fut au moment de communier, elles cessèrent tout-à-fait et elle fut guérie. Dès-lors elle ne ressentit plus rien de sa maladie et dix témoins attestèrent ce prodige dans le procès apostolique dressé à Toulouse.

Aussi subite et non moins glorieuse pour sainte Germaine fut la guérison de Jeanne Marie Pujol. Jusqu'à l'âge de dix ans elle avait toujours été couverte de scrofules au bras et au cou. C'était pitié de voir cet enfant affectée de tant de plaies qui chaque jour s'étendaient davantage et qui répandaient une fétide odeur. Etant née d'une famille pauvre, elle entra à l'hôpital de Toulouse pour se faire soigner ; mais tous les efforts de l'art furent vains. C'est pourquoi ses parents l'apportèrent à Pibrac pour demander à Dieu par l'intercession de sainte Germaine la guérison de leur fille. Ils l'obtinrent sans retard. En effet, lui ayant placé sur le cou et sur les bras des morceaux d'étoffe qui avaient touché le corps de la servante de Dieu, l'enfant, peu à près, s'écria qu'elle était guérie. A ces paroles la mère qui était présente lui enleva les bandages et vit les plaies fermées et desséchées.

Jeanne Daubert dépose de sa propre guérison en ces termes : « Il y a environ dix ans j'étais tombée dans un état de surdité telle qu'il m'était impossible de me confesser et le mal augmentait chaque jour. Je consultai plusieurs médecins et je fis même les remèdes prescrits par eux, mais sans aucune amélioration. Je pris le parti de recourir à la vénérable servante de Dieu, et j'allai à Pibrac, où j'assistai à la sainte messe et fis la communion. Après avoir instamment demandé à Dieu ma guérison par les mérites de sainte Germaine, je retournai dans ma paroisse. Etant arrivée je m'aperçus avec surprise que j'étais guérie et que la surdité avait disparu. J'entendis distinctement le son de l'horloge, bien qu'elle fût très éloignée de mon habitation, et le même soir je pus distinguer le mouvement d'une montre qui était suspendue à côté de mon lit, ce qui ne m'était jamais arrivé depuis le commencement de ma maladie. Dès ce moment, je fus me confesser et j'allai de nouveau faire un pélérinage à Pibrac, afin de témoigner ma reconnaissance à la vénérable servante de Dieu.

Pauline Delrieu, à l'âge de seize ans, fut attaquée de très vives douleurs qui lui enlevèrent l'usage des jambes. Aux cuisses s'ouvrirent de larges plaies dont l'écoulement journalier l'épuisait et qui la réduisirent à un état de maigreur extrême, au point que son corps n'était plus qu'un squelette recouvert de peau. Tous les remèdes, au lieu de calmer son mal, ne fesaient que l'irriter davantage. La pauvre jeune fille n'ayant plus d'espoir à l'éfficacité des remèdes humains, suppliait chaque jour ses parents de la conduire au sépulcre de sainte Germaine Cousin en laquelle elle avait beaucoup de confiance. Pendant une année entière, sans perdre courage, elle lui adressa de ferventes prières. Enfin, portée à Pibrac malgré le sentiment des médecins qui s'y opposaient, en disant que ce voyage mettait sa vie en grand danger. Elle arriva cependant, mais toute abattue et ne pouvant plus respirer, à tel point que les porteurs furent contraints de la laisser à la porte de l'église. De là, elle entendit la messe du mieux qu'elle put, et reçut des mains du prêtre la sainte communion. Ce fut au moment où tout le monde s'attendait à la voir passer qu'on la vit au contraire parcourir l'église pleine de vigueur et complétement guérie. En effet, à peine eut-elle reçu la sainte Hostie, qu'elle se sentit renaître. Elle qui auparavant ne pouvait pas même se tenir assise, se leva tout-à-coup et descendit de sa chaise, allant, appuyée sur deux bâtons, auprès de l'autel où elle resta jusqu'à la fin de la messe. Ensuite, jetant à terre ses appuis, d'un pas ferme et assuré elle se rendit au tombeau de sainte Germaine, où prosternée à terre elle la remercia plus par les larmes que par les paroles de cette guérison instantanée,

J'avais, dit Jeanne Castan, trente-cinq ans lorsque je fus assaillie de douleurs rhumatismales si vives qu'elles me faisaient horriblement souffrir et ne me permettaient de marcher qu'avec une très grande difficulté et avec le corps penché d'un côté. J'employai plusieurs remèdes que m'avaient ordonnés les meilleurs médecins, mais rien ne me soulagea, les douleurs au contraire s'accrurent pendant les six semaines que dura la maladie. Je n'obtins de soulagement que lorsque j'eus fait la sainte communion et imploré la protection de la servante de Dieu, Germaine Cousin. Ma guérison fut instantanée et depuis je n'ai plus ressenti la plus petite atteinte de ce mal qui m'avait fait souffrir d'indicibles douleurs.

Marie Gilabert, de Toulouse, fut aussi frappée d'un rhumatisme général. Les deux bras demeurèrent étrangement contractés et surtout du côté gauche dont les nerfs s'étaient retirés au point que le bras demeurait raide et fixé aux reins comme s'il eut été estropié. Les douleurs qui accablèrent cette fille pendant deux ans furent vives et continuelles, et elle ne trouva aucun soulagement dans les bains minéraux ni dans les autres remèdes qu'on lui fit. Elle résolut donc de se rendre à Pibrac. Arrivée à Colomiers, elle fut prise de douleurs si aiguës qu'on fut obligé de s'arrêter et de la loger pour le mieux dans une pauvre maison. Sa mère qui l'accompagnait voulait s'en retourner à Toulouse, mais Monsieur l'abbé Double, qui dans la suite devint évêque de Tarbes, l'exhorta à continuer le voyage et à placer toute sa confiance dans la sainte bergère. Le conseil fut suivi et la malade recouvra instantanément la santé pendant qu'elle entendait la messe.

Le fait suivant est fort beau et je veux le raconter dans les termes mêmes qu'employa, dans sa déposition au procès, le sieur Joseph Puntis père de deux enfants qui furent dans le même temps guéris par l'intercession de sainte Germaine d'un obstiné rachitisme. « Mes deux enfants, dit-il, un garçon et une fille, étaient venus au monde sains et bien conformés; mais un an après leur naissance, quand ils commencèrent à faire quelques pas, nous nous aperçumes que tous les deux avaient une telle faiblesse de reins et de jambes qu'il ne leur était pas possible de se tenir debout ni de marcher. Malgré les soins assidus de la famille et les secours de divers médecins expérimentés, j'eus la douleur de voir que la maladie ne faisait que croître avec l'âge. La pensée étant venue à deux personnes pieuses de faire un pélerinage au sépulcre de sainte Germaine Cousin et de demander par son intercession la guérison de mes enfants, à leur retour, elles m'envoyèrent des morceaux d'étoffe qui avaient été déposés sur le corps de la vénérable servante de Dieu, et, plein de confiance en son pouvoir je me hâtai d'en couvrir mes enfants. La partie inférieure de leur corps était maigre, desséchée et complétement privée de sens et de vie, et l'état de ces pauvres enfants excitait l'étonnement et la compassion de nos connaissances et de nos amis. Quinze jours après que je les eus revêtus des morceaux d'étoffe dont j'ai parlé, la fille se leva tout-à-coup et descendit de la chaise où je l'avais placée. En croyant à peine mes yeux, j'accourais pour la retenir, mais bientôt partageant son assurance je la laissai marcher de la chambre seule et sortir sans aucun appui. Elle parcourut librement une certaine distance pour aller trouver et remercier les pieuses personnes qui étaient allées à Pibrac et avaient prié pour elle. Elle revint à la maison sans aucun soutien et dès-lors elle conserva l'égalité de ses jambes; et, à leur maigreur d'autrefois on vit se succéder la vigueur et le teint naturel. Le même jour s'accomplit en mon fils un second prodige, car lui aussi voyant sa sœur marcher fit des efforts pour la suivre. Bien qu'au commencement il n'eût pas tout-à-fait la même agilité qu'elle, cependant il ne tarda pas à l'acquérir; et ainsi cette grâce, d'autant plus chère qu'elle était inattendue, Dieu nous l'accorda complète. Je dois ajouter, pour relever davantage l'éclat de ce double prodige, que les douleurs éprouvées par mes enfants avaient été si violentes qu'ils en avaient perdu deux fois leurs dents. Elles étaient devenues noires et comme calcinées par l'excès de la souffrance.

Jeanne Ramondou, petite fille de quinze à seize ans, fut affectée d'une étrange maladie : c'était une sorte de rétraction de nerfs si forte et si maligne que tout le corps fut contracté et pelotonné de manière à ne former pour ainsi dire qu'une boule, ce sont les termes employés dans la relation consignée au procès. Outre cela la jeune malade perdit l'usage des yeux et cela sans espoir de les recouvrer jamais au jugement des médecins, attendu que l'organe de la vue était profondément atteint. Malgré tout, ses parents, animés d'une grande confiance en l'intercession de sainte Germaine, conduisirent leur fille à l'église de Pibrac. Là, pendant que la mère s'approchait de la sainte table, l'enfant s'échappa des mains de son père et en présence de tout le monde se redressa sur ses jambes et recouvra dans le même instant la vue.

La dame Joséphine Henriette d'Adhémar, qui habite la paroisse de Saint-Etienne à Toulouse, était affectée de plusieurs maux de diverses sortes ; elle avait complétement perdu la parole et l'usage des jambes, sa main droite était toute couverte de plaies. La quantité de nourriture qu'elle prenait était minime et cependant elle ne pouvait la digérer sans d'atroces douleurs. Contrainte de rester immobile dans son lit, elle attendait, on peut dire à toute heure, la mort. Les médecins la lui avaient annoncée en l'abandonnant après avoir employé inutilement toutes les ressources de l'art. La malade se fit transporter à Pibrac, se recommanda de cœur à sainte Germaine et il n'en fallut pas davantage pour sa guérison. La messe qu'elle entendait n'était pas encore terminée qu'elle se sentit tout-à-coup délivrée de tous ses maux. La voix et le mouvement lui étaient revenus et toute douleur avait cessé. Elle sortit de l'église et alla prendre de la nourriture qu'elle digéra très bien et comme ce jour était un vendredi, elle voulut user d'aliments maigres, disant que Dieu par l'intercession de sainte Germaine lui ayant rendu la santé elle devait par reconnaissance se montrer fidèle aux lois de l'église. Depuis lors elle prit la coutume de faire un pélerinage à Pibrac tous les troisièmes vendredis du mois pour remercier sa bienfaitrice par de nouvelles preuves d'amour et de gratitude. Cette personne jouit encore d'une bonne santé.

J'ajoute la guérison d'un tout petit enfant, échappé à une mort inévitable et rendu en un instant à une santé parfaite. Pour rapporter le fait avec plus de fidélité et afin de varier un peu ces récits, je transcris la déposition juridique faite et signée par le père lui-même de l'enfant. « J'eus un fils qui naquit le 18 janvier 1810. Environ deux mois après sa naissance il fut attaqué de convulsions continuelles et si violentes qu'il s'échappait des mains de sa mère, Madame de Lartigue. Avec le temps, au lieu de diminuer, les attaques devinrent si fréquentes qu'elles ne donnaient plus au pauvre enfant un moment de repos. Monsieur Duclos, chirurgien très habile et professeur de médecine à Toulouse, ne trouva aucun moyen pour les calmer ; dès-lors, elles empirèrent et causèrent à l'enfant une grande répugnance à prendre le sein. En ce péril extrême ma femme eut la pensé de recourir à sainte Germaine Cousin et fit le vœu de recourir à sa protection. Alors, ayant préparé quelques langes à l'effet de les faire toucher au corps de la vénérable, elle envoya le lendemain dès l'aube du jour au sépulcre de la Sainte sa servante la plus fidèle et la plus affectionnée à l'enfant. Quant à moi, dans le comble de mon affliction, j'écrivis une lettre au curé de Pibrac, le priant d'offrir le saint sacrifice à mon intention et à celle de ma femme, et de faire reposer sur le corps de la vénérable bergère les morceaux d'étoffe qui lui seraient remis. Le curé eut la bonté de faire ponctuellement ce que je désirais. Aussitôt la messe terminée et les morceaux d'étoffe remis à la servante, celle-ci très désireuse de procurer quelque soulagement au pauvre petit s'empressa de retourner à Toulouse. Ce jour même, Monsieur Duclos vint visiter mon fils vers neuf heures du matin. Il le trouva tellement tourmenté par d'affreuses convulsions qu'il ne lui donna plus que quelques moments de vie et se retira aussitôt sans rien dire. Je le suivis avec une grande anxiété, et l'arrêtant au bas de l'escalier, je le priai de me dire ce qu'il pensait de l'état de mon fils. Je reçus cette réponse : Impossible qu'il vive davantage et même ce serait un malheur pour vous s'il survivait parce que sa maladie est incurable. Dissimulant le mieux possible une profonde douleur, j'entrai dans la chambre de ma femme qui me demanda ce qu'avait dit le médecin ; je répondis en peu de mots et ajoutai : Laissons faire la Providence. En ce moment survint la servante qui avait été à Pibrac. Aussitôt on dépouilla l'enfant et on le revêtit des étoffes qui avaient touché le corps de Germaine Cousin. A peine en fut-il recouvert qu'il se mit à verser un torrent de larmes et à sangloter. Je le pris alors entre mes bras et le caressant tendrement je m'efforçai de l'apaiser. Puis j'engageai la mère à lui présenter la mamelle. L'enfant s'y attacha tout aussitôt, et saisi ensuite d'un profond sommeil il se trouva délivré de son mal qui ne reparut plus depuis. » Il est aujourd'hui curé de la paroisse Saint-Sernin, à Toulouse.

Dix témoins, après avoir prêté serment de déclarer la vérité déposent du fait suivant dans le procès apostolique de Toulouse. Ursule Dupeyron, religieuse converse du monastère des bénédictines de Toulouse, souffrait depuis longtemps d'un mal chronique. Elle avait le genou droit démesurément gonflé et contracté et il lui causait de vives douleurs surtout quand il fallait se mouvoir. Elle ne pouvait pas même faire quelques pas sans l'aide d'une béquille et encore avec beaucoup de peine. Tout le reste de son corps paraissait aussi malsain et sa langueur habituelle ainsi que son teint toujours blême pouvaient faire conjecturer tout ce qu'elle devait souffrir. Elle fut visitée plusieurs fois par M. Vignes, médecin de Toulouse, et le mal dont elle était travaillée fut après un mûr examen de son principe et de sa marche un rhumatisme aigu qui ensuite avait dégénéré en une tumeur blanche, laquelle fixée une fois sur les articulations est ordinairement incurable. Ce diagnostic ne fit que se confirmer quand on vit que tous les remèdes employés par plusieurs médecins distingués ne servirent à rien. La jeune fille recourut alors à l'intercession de sainte Germaine, et s'étant faite porter à Pibrac, elle y entendit la messe vers la fin de laquelle elle recouvra la santé en un instant. De retour à Toulouse, le médecin vint la visiter, et voici en quels termes il en parle dans les procès : « Je demandai à voir la partie malade et je la comparai comme précédemment à la partie saine. Je trouvai les deux genoux parfaitement semblables, le gonflement, l'altération, la douleur, la contraction tendineuse à la cavité du jarret, tout mal en un mot avait disparu et la guérison était complète »

Sœur Rosalie Pinot, religieuse de la Sainte-Famille à Besançon, fut à l'âge de vingt-huit ans attaquée d'une bronchite très grave. Tous les efforts de l'art médical ne servirent de rien, le mal passa à l'état chronique et avec des crachats sanguinolents et purulents, une toux forte et continuelle, et une respiration suffoquée. Durant cinq ans la malade ne put jamais se lever du lit, et son état s'aggravant de jour en jour, l'on vit apparaître d'autres symptômes plus dangereux qui annonçaient une fin prochaine. Aussi la sœur s'était-elle plusieurs fois préparée à la mort, même d'après l'avis des médecins qui ne lui donnaient plus que quelques heures de vie. Et ainsi à l'extrémité, il lui vint heureusement en pensée de se recommander à sainte Germaine et sans plus tarder elle voulut faire en son honneur une neuvaine de prières. Durant le temps qu'elles durèrent la maladie empira toujours, jusqu'à ce que le neuvième jour, tout-à-coup comme sortant d'un profond sommeil, la sœur élève la voix et s'écria : je suis guérie. De fait elle se leva et alla à la messe, marcha librement et sans peine par la maison, s'assit à la table avec les autres religieuses, et fit voir qu'elle était parfaitement rétablie.

Monsieur Rivière et ses deux enfants furent presque en même temps frappés de maladies fort graves qui furent jugées incurables par les médecins. Le père eut au nez un polype qui croissant de plus en plus et lui descendant dans la bouche, l'empêchait souvent de prendre sa nourriture et lui causait d'indicibles douleurs. L'aîné des enfants d'un âge assez tendre encore avait un épanchement de sang au cerveau et était sur le point de tomber en frénésie. Chaque jour il avait des fureurs de désespéré, et il fallait le lier fortement pour qu'il ne se déchirât pas lui-même le corps où ne maltraitât quelqu'un. Enfin, l'autre enfant, petite fille de trois ans, était tout-à-fait muette et paralytique. Ce fut l'an 1830 que tous les trois se rendirent à Pibrac pour y implorer la protection de sainte Germaine. Voici ce qui se passa selon les témoignages donnés sous la foi du serment : Le père dès le premier moment fut délivré de son polype qui ne laissa aucune trace. Le garçon retourna de Pibrac guéri, et ne donna plus aucun signe d'aliénation mentale. Quant à la petite fille, à peine elle eut vu le corps de la bergère qu'elle s'échapa des mains de sa mère, et alla se réfugier auprès d'une image de la vénérable Germaine. De retour à la maison, pendant qu'elle dînait avec sa famille, sa langue s'étant déliée, elle appela pour la première fois son père et sa mère en leur demandant à boire. Elle survécut encore dix-huit mois, conservant jusqu'au dernier instant de sa vie l'usage parfait de sa voix et de ses membres.

Jeanne-Marie Derpie, âgée de soixante-deux ans, déclara avoir été environ vingt-quatre ans prise d'une paralysie qui lui enleva complétement l'usage de tout le côté droit du corps. Elle employa tous les remèdes qui lui furent prescrits, mais sans en obtenir aucun soulagement. Enfin, elle se fit transporter à Pibrac, pour se recommander à sainte Germaine. Durant le Saint Sacrifice, elle éprouva quelque amélioration ; mais quand la messe fut terminée, elle se sentit si bien guérie, que sans le secours de ses béquilles, dont elle avait fait usage jusqu'alors, elle put rejoindre la voiture qui l'avait portée pour venir. Elle laissa ses béquilles au tombeau de la sainte en témoignage de sa parfaite guérison.

« Je fus témoins, dit François-Marie Viguier, vicaire de Colomiers, de la guérison instantanée d'un homme de la paroisse de Grenade, lequel depuis plus de six mois avait été retenu au lit par un rhumatisme général. Transporté à Pibrac, il assista à la messe durant laquelle il éprouva une commotion qui fut pour lui comme l'annonce de sa guérison. Après la messe, ayant recouvré l'usage de ses membres, il vint sans aucun soutien me rejoindre à la sacristie, pour me faire part de son allégresse. Je l'invitai à s'asseoir, pour qu'il ne se fatigât pas trop. Je ne sais pas le nom de cet homme; mais j'ai appris qu'il fit à Pibrac un second pèlerinage, en action de grâce du bienfait qu'il avait reçu. »

Martin Cung, à l'âge de six ans, eut une humeur au petit doigt de la main. Après dix-huit mois de médication, son père, voyant que rien ne réussissait, le conduisit à Toulouse, pour le faire visiter par les plus habiles médecins. Mais le mal fut par eux comme par les autres déclaré incurable de sa nature, et exigeant une amputation du doigt. Le père résolut alors de se rendre à Pibrac, afin d'y chercher un remède moins douloureux dans l'intercession si puissante de sainte Germaine. Arrivé à l'église, il fit poser à son fils le doigt malade sur la tombe de la servante de Dieu, et au même moment, au grand étonnement de tout le monde, la tumeur s'ouvrit d'elle-même, l'enfant se trouva complétement guéri.

D.-Jeanne Estrade dépose de sa propre guérison dans les termes suivants : « Il y a vingt-trois ans environ qu'une araignée m'étant entrée dans une oreille, j'en éprouvais d'atroces douleurs. Après avoir employé divers remèdes qui me furent prescrits par le médecin, je réussis à l'extraire de l'oreille; mais il s'en suivit un état de surdité accompagné de vives douleurs avec une inflammation qui amena une sécrétion abondante, âcre et cuisante. Pendant plus de six mois, j'eus à supporter de grandes souffrances; mais voyant que les secours de l'art ne pouvaient rien pour les calmer, j'allai me recommander à l'intercession de la servante de Dieu. Ma prière fut exaucée. Dès ce moment toutes mes douleurs cessèrent et je fus complétement guérie. »

Thérèse Benaune certifie pareillement la guérison instantanée de sa surdité. « En 1815, me trouvant, dit-elle, à l'école des Dames Noires de Montauban comme sous-maîtresse, je fus frappée d'une surdité complète qui m'empêcha pendant un an d'accomplir les obligations de mon état. Les soins les plus assidus et tous les remèdes prescrits par plusieurs médecins furent inutiles. La renommée des miracles et de la sainteté de Germaine Cousin m'engagea à entreprendre un pèlerinage à Pibrac, où repose son corps. En passant par Toulouse, trois prêtres connaissant le but de mon voyage, me dirent de ne point perdre courage, d'avoir toujours confiance quand bien même je ne serais point guérie, soit durant la messe, soit avant de sortir de l'église. J'arrivai à Pibrac dans la semaine de la Passion. Je fis la sainte communion durant la messe que j'entendais et me mis à prier de tout mon cœur la pieuse bergère. Malgré cela je sortis de l'église sans avoir rien obtenu. Durant la journée pour condescendre aux désirs de quelques amies, je consultai un médecin, bien résolue cependant à ne rien faire de ce qu'il me dirait, attendu que j'avais toujours présente à l'esprit la parole de ces trois prêtres qui m'avaient exhortée à la confiance. Mon attente ne fut pas trompée, car l'après-midi du même jour, me trouvant avec plusieurs de mes amies, à la conversation des-quelles ma surdité m'empêchait de prendre part, je m'aperçus tout-à-coup que j'entendais leurs paroles. Alors je m'écriai: je suis guérie, je vous entends, réjouissez-vous avec moi. »

Tout ce que nous avons dit jusqu'ici des guérisons opérées par l'invocation salutaire de sainte Germaine Cousin peut suffire, bien que ce ne soit encore rien auprès de tout ce qu'il y aurait à raconter, soit sur de semblables guérisons, soit même sur de plus étranges encore qui se trouvent attestées dans les procès dressés par l'autorité apostolique ou par celle de l'ordinaire. On peut dire qu'il n'y a pas un genre de maladie que Dieu ne se soit plu à guérir pour glorifier la très humble bergère de Pibrac. En effet on a dû à son intercession la guérison de cécité, tintement d'oreilles ou surdités, cordialgies ou anévrismes les plus dangereux, dyssenteries mortelles, coliques et maux d'entrailles, fièvres malignes, douleurs arthritiques, paralysies obstinées, membres gangrénés ou tordus, os disloqués, brisés ou cariés, plaies profondes, apostèmes et scrofules dégoûtants, ulcères et fistules incurables. On a constaté en outre la multiplication miraculeuse de provisions, le rétablissement des forces, la reproduction des membres perdus, et cela concernant des personnes de toute condition, de tout âge, durant toute saison de l'année ; et le plus souvent ces prodiges se sont accomplis instantanément à la seule invocation du nom de Germaine, ou bien au seul toucher de ses reliques.

Et cependant la série de tant de merveilles n'a nullement cessé depuis l'expédition de la cause de béatification ; au contraire, en ces temps même, ainsi que dans les années précédentes, Dieu n'a jamais mis fin à ses grâces et il ne cesse pas de renouveler à nos yeux ses œuvres admirables pour la gloire et l'honneur de sa servante. Que pourront donc jamais répondre les incrédules de nos jours à un déploiement si éclatant de la puissance divine ? Au milieu de tant de lumières, ils restent ensevelis misérablement dans leur aveuglement volontaire ; ils endurcissent leur cœur sous les coups que Dieu emploie pour les ramener. Ils font comme ces perfides, ces impies dont parle le saint Evangile : ils sont convaincus dans leur esprit et ils ne savent plus que dire ; mais, malgré cela, ils ne veulent pas confesser la vérité, et ils en appellent impudemment aux miracles. Ensuite, quand ils ont sous les yeux les miracles les plus évidents, ils persistent dans leur obstination et en nient l'authenticité. C'est ainsi qu'il doit en être de ceux qui s'accoutument à regimber contre la raison et à déprécier avec orgueil la parole divine et les prophètes. *Si Moysen et prophetas non audiunt neque si quis ex mortuis resurexerit, credent.* Saint Luc, 16, 31. Mais laissons ces aveugles qui se font les guides d'autres aveugles parce que toutes nos paroles deviennent inutiles avec eux, attendu qu'ils n'ont plus un cœur ni un esprit qu'on puisse soigner comme blessés, mais qu'il faut abandonner comme perdus.

## § XIX.

*Les quatre miracles approuvés pour la béatification. Premièrement : une multiplication miraculeuse de pain.*

Les miracles que je vais raconter l'un après l'autre sont précisément les quatre qui furent, après un mûr examen, approuvés par la sacrée Congrégation des Rites et confirmés par sa Sainteté le pape Pie IX.

Les religieuses du Bon Pasteur ont, dans la ville de Bourges, une assez grande maison, où selon la fin propre de leur institut, elles accueillent les jeunes filles dont l'honneur est exposé et offrent un refuge à celles dont la vertu a déjà fait naufrage. Là, par de saints enseignements, proportionnés aux dispositions des diverses classes de personnes, on les forme toutes à la vertu. Le nombre de ces infortunées est toujours grand dans la maison, car on ne refuse jamais d'admettre celle qui veut s'y retirer comme dans un port de salut. La communauté cependant, n'ayant pas de revenus fixes, ne vit et ne se soutient que grâce aux aumônes spontanées des fidèles et avec le gain qu'on retire des travaux manuels exécutés par les filles.

Deux fois par jour on prépare la table pour toutes; mais quelques-unes et surtout les plus jeunes ont besoin qu'on leur donne plus souvent à manger. La nourriture consiste ordinairement en légumes, la pauvreté de la maison ne permettant de servir de la viande que trois fois par semaine. Toutefois la nourriture est assez abondante, le pain surtout s'accorde largement et à saciété.

Vers la fin de l'an 1845 vivaient ensemble, dans cette communauté, cent seize personnes, c'est-à-dire dix-sept religieuses, cinquante-neuf repenties et quarante jeunes filles dont les plus âgées atteignaient à peine dix-sept ans, et qui, soustraites aux dangers du monde, étaient élevées avec soin dans la piété et les bonnes mœurs. A l'époque dont nous parlons, d'un côté l'augmentation du nombre de jeunes filles reçues dans l'établissement, de l'autre la diminution inattendue des secours ordinaires, firent que la maison se trouva réduite à la pénurie, et, loin d'avoir de quoi suffire aux besoins présents, elle était déjà grevée de plus de douze mille francs de dettes.

Dans cette nécessité, la sœur Marie du cœur de Jésus, supérieure du monastère, ayant entendu raconter toutes les choses prodigieuses que Dieu opérait par l'intercession de sainte Germaine Cousin, se sentit animée à mettre en elle toute sa confiance et à la prier de vouloir bien venir en aide aux nécessités de la maison, en multipliant le froment. C'est pourquoi elle ordonna qu'on fit une neuvaine de prières et que dans toutes les classes on lut la vie de la Sainte. Elle fit suspendre une médaille de la vénérable bergère dans le grenier, en distribua d'autres à toutes les religieuses et les anima à prier avec foi. Deux religieuses converses avaient le soin de faire le pain tous les cinq jours pour toute la communauté. Elles fesaient deux fournées et employaient à chacune douze paniers de farine qui, une fois pétrie et cuite, donnait vingt gros pains pesant chacun vingt livres ; or, la supérieure leur commanda à toutes les deux de n'employer pour les deux prochaines fournées que seize paniers de farine au lieu de vingt-quatre qui étaient nécessaires, et de prier la vénérable Germaine de suppléer à ce qui manquerait.

Les deux religieuses exécutèrent ce qui leur avait été dit ; mais comme en faisant la pâte dans le pétrin elles s'aperçurent que la masse était plus petite que les autres jours et qu'elle ne pourrait point fournir comme à l'ordinaire quarante pains, elles prirent en cachette une certaine quantité de farine et l'ajoutèrent à la masse. Malgré cela, toute la farine employée n'égalant pas les vingt-quatre paniers qu'on employait autrefois, il arriva que les quarante pains furent moins volumineux et moins pesants qu'auparavant et qu'ils suffirent à peine pour trois jours. Il fallut donc après ce temps faire de nouveaux pains, et comme la supérieure avait manifesté son mécontentement de ce que ses ordres n'avaient pas été ponctuellement exécutés, les deux sœurs ne prirent alors que huit paniers de farine pour chaque fournée. L'on n'eut que des pains beaucoup plus petits et encore deux ou trois de moins qu'à l'ordinaire.

C'était donc déjà la quatrième fois qu'on avait fait l'épreuve et nul miracle ne s'était produit. C'est pourquoi, la sœur Marie Saint-Janvier l'une de celles qui étaient chargées du pain, commença à douter. Elle ne pouvait comprendre

pourquoi la supérieure persistait, au grand préjudice du monastère, dans son idée d'attendre toujours une multiplication miraculeuse. Elle avait bien envie de faire ses observations, mais elle ne l'osait pas de peur d'être accusée de peu de foi ou de recevoir des reproches. Mais sa mauvaise humeur augmentait par les visites continuelles que fesaient au four les autres religieuses pour demander s'il y avait quelque chose de nouveau. Il sera mieux d'entendre la religieuse elle-même raconter en toute simplicité ses luttes intérieures. « Voyant, dit-elle,
» que la supérieure était mécontente, nous
» résolûmes de ne plus mettre que huit paniers
» de farine pour chaque fournée. Dans la pre-
» mière, nous n'eûmes que des pains forts
» petits et même deux ou trois de moins qu'à
» l'ordinaire. La mère supérieure étant venue
» au four nous reprimander de ce que nous
» n'avions pas fait vingt pains comme de cou-
» tume et nous reprocher notre peu de con-
» fiance, nous fimes par obéissance vingt pains
» dans la seconde fournée avec les huit paniers
» de farine; mais nous n'eûmes que des pains
» si peu volumineux qu'ils ressemblaient à des
» biscuits. Les pains de ces deux fournées ne
» durèrent, je crois, que trois jours. J'étais
» grandement ennuyée de tout ce que me disait
» la supérieure ainsi que des visites continuelles
» des sœurs qui venaient au four me demander
» s'il y avait eu miracle et, en même temps, me
» reprochaient mon peu de confiance en sainte
» Germaine. De plus, je voyais que ces fournées
» causaient une grande dépense de bois, puis-
» qu'il en fallait pour chaque fournée autant

» qu'autrefois, sans avoir néanmoins autant de
» pains. Toutes ces raisons m'empêchaient d'en
» parler à la supérieure et je ne voulus pas faire
» le premier pas. » Ainsi parle la sœur Saint-Janvier.

Cependant la grande consommation de bois qui se fesait commença à allarmer la supérieure et il lui vint à l'esprit de révoquer les ordres donnés. Elle l'aurait fait même le dernier jour de novembre, comme elle se l'était proposé; mais elle y pensa trop tard et toutes les autres sœurs étaient au lit. C'est pourquoi, n'ayant plus le moyen de parler à la sœur qui était chargée du pain, la bonne mère, avant de se coucher, pria avec plus de ferveur la vénérable Germaine de ne pas permettre que les pains fussent le lendemain aussi petits et en aussi petit nombre qu'ils l'avaient été les jours précédents.

Ainsi, le premier décembre, la supérieure n'ayant point donné de contre-ordre, les deux sœurs qui fesaient le pain se mirent à l'œuvre comme à l'ordinaire, et pour s'en tenir strictement aux recommandations faites plusieurs fois, elle ne tirèrent du grenier que huit paniers de farine pour chaque fournée, et c'est alors qu'eut lieu le miracle.

Entendons encore le récit d'une des sœurs panetières, Marie de Saint-Janvier : « Le lundi
» 1er décembre, nous descendîmes du grenier,
» pour la première fournée, huit paniers de
» farine qui n'étaient pas plus pleins qu'à l'or-
» dinaire. J'étais ce jour-là de mauvaise hu-
» meur et je me trouvais ennuyée d'être obligée
» de faire le pain avec huit paniers de farine
» seulement, tandis qu'on avait pu voir par

»l'expérience du passé que rien n'avait réussi.
» Après avoir fait la pâte, je m'aperçus que la
» quantité était en proportion de la farine em-
» ployée et je dis à la sœur qui fesait le pain
» avec moi de mettre beaucoup de pâte dans les
» paniers, me proposant d'obtenir ainsi un plus
» petit nombre de pains et de faire reconnaître
» à la supérieure l'inutilité de ses efforts.
» J'ajoutai, en plaisantant, que du moment que
» sainte Germaine n'avait pas donné la farine,
» il fallait lui demander de la pâte toute faite.
» Cependant, à mesure que ma compagne rem-
» plissait les paniers, je m'aperçus que la pâte
» du pétrin ne diminuait point en proportion et
» qu'elle suffisait à remplir tous les paniers.
» Bien plus, il en resta assez pour en ajouter
» un peu à chaque pain et deux ou trois livres
» de plus que nous laissâmes dans le pétrin. Je
» fus toute surprise et demeurai abasourdie sur-
» tout par la confusion que j'avais d'avoir
» montré si peu de confiance et d'avoir parlé
» comme je l'avais fait à la mère supérieure et
» aux autres sœurs. De cette fournée, on eut
» vingt pains qui furent même plus gros que
» ceux d'autrefois, produits par les douze
» paniers de farine, de façon qu'il ne me fut
» plus possible d'en faire entrer dans le four que
» dix-neuf et le vingtième fut remis dans le
» pétrin avec le levain de la fournée suivante.

» Le même jour, dans la seconde fournée,
» nous employâmes huit paniers de farine, et
» après en avoir eu une quantité suffisante de
» pâte pour remplir le four, il resta encore
» dans le pétrin quatre autres paniers de farine
» que nous mîmes à part... Dans la première

» fournée, nous ne nous étions aperçues de la
» multiplication de le pâte qu'au moment où
» elle fut placée dans les paniers ; mais dans la
» seconde nous nous en aperçûmes au moment
» même où nous fesions la pâte. Dès le matin,
» la mère supérieure vint au four, et quand ma
» compagne lui eut raconté que le miracle s'était
» accompli, je me retirai toute honteuse. A la
» seconde fournée, je parlai du miracle avec la
» sœur qui travaillait avec moi quand vint à
» passer la sœur économe. Aussitôt je lui racon-
» tai le miracle et elle entra au moment où la
» pâte était dans les paniers et la farine de reste
» dans le pétrin. J'étais toute confuse de mon
» peu de confiance et de mes murmures et ma
» honte fut telle que je n'osais reparaitre
» devant la communauté et je cherchais à me
» cacher..... Le lendemain, j'allai moi-même
» chez la supérieure, lui demandant pardon de
» ma désobéissance et de toutes mes paroles,
» lui promettant à l'avenir une entière obéis-
» sance. » Ainsi parle la sœur, confessant sa
faute avec simplicité.

La prodigieuse multiplication une fois divul-
guée, la plupart des religieuses et des élèves
accoururent au four pour voir de leurs propres
yeux le pain miraculeux. La supérieure pres-
crivit des prières communes pour rendre des
actions de grâces à Dieu et à sainte Germaine,
qui dans ce jour s'était plue de venir à leur aide,
dans leur pressantes nécessités, en leur procu-
rant miraculeusement au moins cinq cent
soixante sept livre de pain. Il faut ajouter que
cinq jours après eut lieu de la même façon une
autre multiplication de pâte, quoique moins

abondante que la première; et enfin une troisième eut lieu dans le temps même où furent ordonnés les procès apostoliques.

## § XX.

SECONDEMENT. — *Prodigieuse multiplication de farine.*

Ce ne fut point à cela que se bornèrent les bienfaits de sainte Germaine pour l'avantage temporel de cette maison, car à la multiplication du pain succéda celle de la farine.

En octobre 1845, furent prises en provision trois cents soixante mesures de froment, qui, une fois moulu et réduit en farine, fut portée au monastère en deux fois, savoir : le 22 octobre et le 13 novembre. Toutefois, comme l'on craignait que le plancher ne pût supporter un tel poids, on ne mit dans le grenier que trois cents boisseaux, et les autres soixante furent placés dans un autre local à part. Dans le grenier, il restait encore une certaine quantité de farine qu'on dut employer avant l'autre pour faire le pain. C'est pourquoi on ne commença à faire usage de la nouvelle que le 4 novembre.

Ci-dessus, nous avons dit, en parlant du premier miracle, que le pain se fesait ordinairement dans cette maison tous les cinq jours, c'est-à-dire six ou sept fois le mois, et que pour deux fournées il fallait vingt-quatre paniers de farine, qui équivalaient à vingt-quatre mesures. D'où il suit que seulement en six fois on devait consommer cent quarante-quatre mesures, et par conséquent environ cent cinquante chaque mois. Tous les témoins sont d'accord sur

ce nombre, car la sœur économe dit : « Ordi-
» nairement on consomme par mois cent cin-
» quante mesures de farine. » La sœur assis-
tante ajoute : « Je sais qu'à chacun des mois
» précédents on consommait cent cinquante
» mesures de farine. » Et enfin, la supérieure
déclare : « On consommait ordinairement par
» mois cent cinquante mesures de farine pour
» la maison. »

Cela posé, les trois cents mesures de farine placées dans le grenier et qu'on a commencé à employer dès le 4 novembre devaient naturellement finir dans les premiers jours du mois de janvier. Cependant, ils durèrent jusqu'au commencement de février, ce qui prouve que cent cinquante autres mesures de farine, juste la quantité voulue pour nourrir la communauté durant un mois, furent ajoutées miraculeusement.

La faveur obtenue alors de sainte Germaine, ainsi que la précédente, ranimèrent la dévotion de toutes les sœurs et leur firent espérer de plus grands secours. La supérieure ordonna de continuer les prières avec plus de ferveur. Elle laissa suspendue au grenier la médaille de la sainte et se recommanda à elle chaque jour avec une ferme confiance. C'est ainsi que Dieu se plut à exalter les mérites de sa servante et à récompenser la foi de ces religieuses. Ecoutons-les raconter elles-mêmes le fait :

« Je m'aperçus, dit la sœur Marie de Saint-Augustin, « quatre ou cinq fois dans le mois
» de décembre, que la farine ne diminuait
» point, mais qu'au contraire elle semblait
» augmenter. Je ne saurais fixer le jour précis
» où commença cet accroissement ; mais je suis

» sûre que ce fut dans le mois de décembre. »
La sœur Marie de Saint-Janvier ajoute : « La
» sœur tourière, qui avait spécialement soin
» de la farine, me dit plusieurs fois, dans les
» derniers jours de décembre 1845, qu'elle pre-
» nait sans cesse de la farine, mais que celle-ci
» ne diminuait point. Moi-même, en deux fois
» différentes et dans le même mois, je pris avec
» la sœur tourière une quinzaine de paniers
» de farine pour la mettre sur le bluttoir, et je
» vis que le tas de farine était aussi gros qu'au-
» paravant. »

Ensuite, nous apprenons également par les témoignages des religieuses le temps que dura cette prodigieuse multiplication ! « Elle a conti-
» nué jusqu'aux premiers jours de février.....
» Les trois cents mesures de farine devaient
» durer les deux mois de novembre et de
» décembre ; mais le fait est qu'elles ont duré
» jusqu'à la fin de janvier..... Je sais que le
» dernier jour de janvier on fit encore une four-
» née avec la farine du miracle..... Le 12 ou le
» 15 janvier, je montai au grenier et je vis qu'il
» restait environ quatre-vingts mesures de
» farine de la provision des trois cents mesures
» qui auraient dû être consommées le premier
» du mois..... Le 19 janvier, j'étais montée au
» grenier avec la sœur Augustine. Elle me
» montra ce qui restait encore des trois cents
» mesures de farine, et il y a, dit-elle, dix-neuf
» jours que nous vivons avec la farine miracu-
» leuse, dont il reste suffisamment pour cinq
» fournées..... Ce ne fut que quand il n'y eut
» plus que de quoi faire trois fournées que je
» m'aperçus que la farine diminuait à mesure

» qu'on en prenait. Les autrefois, on trouvait tou-
» jours plus de farine qu'on n'en avait laissée. »

Après un miracle si éclatant, chacun peut s'imaginer quels durent être les sentiments de toutes ces religieuses. Le premier dimanche de janvier, la supérieure les conduisit au grenier pour voir de leurs propres yeux la miraculeuse multiplication. Toutes s'agenouillèrent, et retenant à peine leurs larmes d'émotion, elles baisèrent la terre et demeurèrent longtemps en prières, les bras en croix, et rendirent de grandes actions de grâces et à Dieu et à sainte Germaine.

§ XXI.

Troisièmement. — *Jacqueline Cathala, jeune fille âgée de sept ans est guérie instantanément d'un rachistisme invétéré.*

Jean Cathala et Louise Morens eurent, le 7 avril 1821, une fille qu'ils nommèrent au saint baptême Jacqueline. Elle avait déjà environ trois mois quand elle fut prise de la variole; mais ayant été bien soignée, elle fut guérie au bout de huit jours. Elle resta ainsi bien portante jusqu'à l'âge de dix-huit mois, où, tout-à-coup, elle tomba dans un état de faiblesse qui l'abattit complétement. Le mal s'aggravant chaque jour davantage, les chevilles des pieds, ainsi que les genoux commencèrent à grossir d'une manière démesurée, et au contraire, les muscles des jambes et des cuisses s'amaigrirent tellement, qu'à la fin l'enfant se trouva réduite à l'état d'un véritable squelette couvert de peau. A tout cela, vint se joindre une fièvre lente qui achevait de consumer cette pauvre enfant. La mère employa souvent bien des remèdes, et cela avec la plus grande sollicitude, mais toujours sans succès. C'est pourquoi réputant le mal incurable, on le laissa suivre son cours. L'enfant pourtant croissait en âge, et avec elle ses infirmités croissaient aussi. Dans les commencements, elle pouvait faire quelques pas, non sans difficulté ; mais dans la suite ses pieds s'étant contournés, on fut obligé, vu sa grande faiblesse, de la tenir toujours au lit, ou bien de l'attacher fortement sur un fauteuil. Quelquefois son ventre se gonflait, et alors elle souffrait dans les entrailles de très fortes douleurs avec des convulsions.

L'affliction des parents, et surtout de la mère, était fort grande. Celle-ci, enfin, voyant que tout espoir dans les remèdes humains était perdu, se mit à recourir avec une grande confiance aux secours divins. Comme elle était très dévote à sainte Germaine, elle lui fit vœu de faire trois pélerinages à Pibrac, les deux premières fois seule, et la dernière avec la jeune malade. Elle accomplit les deux premiers Quant au troisième, retenue par divers empêchements domestiques, elle ne put le faire que trois ans après, lorsque l'enfant était déjà âgée de sept ans.

Ce fut donc l'an 1828 qu'elle se rendit à Pibrac, et voici la narration détaillée de l'évènenement selon qu'elle le déposa elle-même après avoir prêté le serment ordinaire. « Je partis à
» pied avec une de mes amies qui travaillait
» avec moi. Devant nous marchait une bête de
» somme ayant deux paniers aux côtés. Dans
» l'un de ces paniers j'avais placé Jacqueline,
» dans l'autre mon autre fille, et entre toutes les
» deux se tenait mon fils âgé de dix ans. Il ne

» survint rien d'extraordinaire durant le voyage,
» ni même à notre arrivée dans le village de
» Pibrac. Nous entrâmes dans l'église. C'était
» un dimanche, et monsieur le curé faisait la
» prédication. Me plaçant en face de la chaire
» avec mes enfants, je fis asseoir ma fille Jacque-
» line entre son frère et moi, pour la surveiller
» l'un et l'autre. Pendant la messe, au moment
» du *Sanctus*, Jacqueline poussa un cri, et en
» même temps j'entendis un craquement qui,
» je crois, fut produit dans les articulations de
» son petit corps. J'étais dans une assez grande
» inquiétude, quand tout-à-coup me vint la
» pensée que ma fille devait être guérie. Toute-
» fois je continuai de réciter mes prières. Mais
» au moment de me rendre à la sainte table
» pour faire la communion, je recommendai à
» mon fils de surveiller sa sœur, ne voulant
» point l'attacher sur la chaise, par rapport aux
» assistants. A peine je fus agenouillée à la ba-
» lustrade, voilà Jacqueline qui s'échappe des
» mains de son frère, et vient s'agenouiller
» aussi à côté de moi, sans que personne la sou-
» tint. Je ne puis exprimer toute mon émotion
» surtout quand je vis ma fille prendre avec
» moi la nappe de la sainte table, comme si elle
» voulait faire la communion. Je fis signe de la
» main à M. le curé de ne pas la lui donner, et
» quand je retournai à ma place, ma fille me
» suivit et s'assit elle-même sur sa chaise sans
» avoir besoin d'être soutenue. Je m'aperçus
» de tout cela après la communion, et j'obser-
» vai que ses pieds avaient repris leur position
» naturelle. Jacqueline était alors toute rayon-
» nante d'allégresse, et quand à la fin de la

» messe elle vit que le prêtre était sur le point
» de donner la sainte bénédiction, elle se leva
» d'elle-même et s'agenouilla sur sa chaise, la
» retournant avec dextérité, comme elle l'avait
» vu faire aux autres personnes...

» Une fois le vœu accompli, je repartis à l'ins-
» tant pour Toulouse. Nous avions le cœur si
» plein de joie et de reconnaissance pour cette
» guérison si instantanée, que ni mes enfants,
» ni ma compagne, ni moi ne songeâmes à pren-
» dre aucune nourriture. Nous arrivâmes à
» Toulouse vers les trois heures de l'après-midi,
» et comme nous approchions de notre habita-
» tion, Jacqueline voyant son père, s'écria : Je
» suis guérie, prenez-moi dans vos bras, posez-
» moi à terre et vous verrez comme je marche,
» et comment ma guérie la vénérable Ger-
» maine.

» En effet, le père prend sa fille, la pose à
» terre, et sous ses yeux, ainsi qu'à la vue de
» tous les habitants du quartier qui est fort
» populeux, elle se met à marcher lestement,
» sans difficulté et sans fatigue. Depuis lors elle
» s'est toujours bien portée. » Il n'est pas nécessaire d'en dire davantage pour faire connaître la grandeur du prodige.

### § XXII.

QUATRIÈMEMENT. — *Philippe Luc est guéri tout-à-coup d'une fistule incurable.*

La guérison de Philippe Luc ne fut ni moins instantanée ni moins parfaite.

Il commença dès l'âge de douze ans de res-sentir à la hanche une douleur très vive qui l'empêchait de marcher à son aise et qui devenait plus vive à chaque mouvement. Ce mal le travailla avec plus ou moins de violence durant environ deux ans, après quoi il se changea en une tumeur qui, à l'aide de quelques fomentations appliquées par la mère du jeune homme s'ouvrit et rendit du pus. Cette tumeur se ferma, mais ne tarda pas à se rouvrir. Alors on appella l'un après l'autre trois des plus habiles chirurgiens et médecins, qui, ayant observé la plaie, furent d'accord, d'après tous les symptômes, de déclarer que c'était une fistule. Elle avait environ deux lignes de largeur, deux pouces de profondeur, sa couleur était livide et violacée et les lèvres de l'ouverture étaient rentrées et calleuses.

Afin d'être mieux soigné, on conseilla au jeune homme de se rendre à l'hôpital de Saint-Jacques, à Toulouse. Là, pendant deux mois, les médecins lui donnèrent continuellement leurs soins. Tout fut inutile. La fistule au lieu de se porter au dehors s'interna davantage au dedans et alla attaquer l'os qui fut dès-lors en partie carié. Le jeune homme voyant donc que les remèdes n'avaient aucun succès, sortit de l'hôpital et s'en retourna à Cornebarieux sa patrie. Peu de jours après son retour, ayant entendu le récit des nombreux miracles qui s'opéraient à Pibrac, au sépulcre de la vénérable Germaine, il sentit naître dans son cœur une vive espérance de guérir par l'intercession de la sainte, et sans plus tarder il résolut d'aller à Pibrac.

Il se mit donc en voyage, et bien que la distance ne soit que d'une seule lieue, il eut beaucoup à souffrir. Il dut s'arrêter deux heures au

milieu de la route pour se reposer, et souvent il se voyait contraint de prier sa mère qui l'accompagnait de ralentir la marche, vu qu'il ne pouvait la suivre. Arrivé à Pibrac, il entendit la messe, et fit oraison au sépulcre de sainte Germaine. N'en ayant rien obtenu, il s'en retourna dans son pays avec sa mère, ne cessant, durant la route, de ranimer sa confiance dans la protection de la servante de Dieu, et l'espérance de recevoir plus tard la grâce qu'il n'avait pu obtenir ce jour-là. Accablé de fatigue, il se mit au lit vers le soir, et sa mère, après lui avoir soigné sa plaie, la lui banda avec les morceaux de linge qu'elle avait posé sur le corps de sainte Germaine. Aussitôt, le jeune homme se sentit pris d'un doux sommeil, et quand il se réveilla il appela sa mère pour qu'elle vint de nouveau lui penser la plaie. A peine eut-on enlevé les bandages, on trouva le linge sec et la fistule complétement fermée. Les médecins demeurèrent étrangement surpris d'un tel prodige, et l'un d'eux, M. Laurent Estevenet dit : « Quel ne fut
» pas mon étonnement, quand je vis ce jeune
» homme parfaitement guéri. J'examinai bien
» l'endroit auparavant affecté, et j'y vis une
» cicatrice bien formée qui indiquait que le mal
» y avait été, mais qu'il n'existait plus. Il n'y
» avait aucune difformité de l'os, aucune dispo-
» sition au retour du mal. Le mal fistuleux s'é-
» tait fermé sans qu'il s'en fût produit un au-
» tre. Je dois aussi indiquer, comme caractère
» merveilleux et assuré de la guérison, la mobi-
» lité de la peau et la résolution du tissu fibreux
» qui forme la couche intérieure du canal fistu-
» leux. » La mère et le fils demeurèrent éga-

lement surpris et heureux d'un tel prodige et fondant en larmes de dévotion, ils remercièrent sur le champ leur aimable bienfaitrice Germiane Cousin.

## § XXIII.
### Concours extraordinaire et continuel du peuple au sépulcre de sainte Germaine.

Le grand concours de gens de toutes sortes qui vont continuellement visiter à Pibrac le sépulcre de sainte Germaine doit-il être regardé comme un effet ou comme une cause des prodiges que Dieu se plaît à y opérer? C'est ce que je n'oserais décider. Il est certain que la renommée des miracles précédents attire la foule et engage les fidèles à en demander encore d'autres avec une plus ferme confiance. De là, cette multitude de personnes qui accourt de toutes parts, soit pour implorer des grâces, soit pour accomplir des vœux en reconnaissance de faveurs déjà obtenues. Il semble que Dieu ait voulu par la gloire dont il environne ce tombeau dédommager sa servante de toutes les humiliations qu'elle a éprouvées et de la complète obscurité où elle resta durant toute sa vie.

Il n'y a ni temps, ni saison de l'année où l'on ne rencontre de nombreuses compagnies de pèlerins qui se rendent à Pibrac, conduisant avec elles des infirmes de toute espèce: estropiés, paralytiques, aveugles, hommes et femmes affligés de plaies ou de toute autre sorte de maladies. Les pèlerins viennent même de Paris, de Rheims et de contrées encore plus éloignées, et quelques-uns font le voyage à pied en récitant des prières le long du chemin.

On y voit venir non seulement des gens du vulgaire, mais aussi de nobles et riches personnages ; des magistrats de haut rang et d'autorité ; des archevêques et évêques ; des prêtres et des religieux de toute sorte. On a vu même des personnes de famille royale venir à Pibrac visiter le sépulcre de sainte Germaine et implorer son secours dans leurs infirmités. Telle fut la princesse de Béira, qui ayant obtenu la faveur demandée, y fut offrir en reconnaissance des dons en argent.

Dans ces derniers temps surtout, dès que la cause de la béatification a été introduite à la sacrée Congrégation des Rites, l'affluence et la ferveur du peuple se sont grandement accrues. C'est pourquoi on a dû, pour la commodité des voyageurs, établir un service régulier de voitures qui, chaque jour, sont à la disposition des pèlerins pour aller de Toulouse à Pibrac et pour s'en retourner.

Ainsi, ce chétif et pauvre village, dont autrefois on connaissait à peine le nom, maintenant, grâce au précieux trésor qu'il possède dans les reliques vénérables de sainte Germaine, est devenu célèbre dans tout le pays et même à l'étranger. Il a presque perdu son nom et on l'appelle communément Sainte-Germaine plus tôt que Pibrac. C'est pourquoi il garde avec soin ces sacrées reliques qui sont sa gloire, son ornement et sa richesse. A ce sujet, je citerai deux faits vraiment dignes d'être racontés.

En 1843, lorsque Mgr d'Astros, archevêque de Toulouse, résolut de presser l'expédition de la cause de la béatification, il nomma un de ses chanoines pour qu'il se rendît à Pibrac en qualité de notaire ecclésiastique, afin de disposer tout ce qui était nécessaire pour arriver au résultat désiré. Ce chanoine se rendit au village le 7 mars de la même année, et, après avoir réuni en sa présence tous les principaux de l'endroit, il leur exposa brièvement l'intention du prélat et le désir qu'il avait de voir s'accroître la gloire de la vénérable Germaine, et de lui faire attribuer par le saint siége un culte public. Il les pria de vouloir bien nommer un représentant à leur choix qui prit à cœur cette affaire. Jusqu'alors, ils avaient écouté en silence les paroles du chanoine ; mais, quand il eut fini, ils lui déclarèrent d'un commun accord qu'ils ne pouvaient pas se résoudre à donner le mandat de procuration qui leur était demandé ; qu'ils ne voulaient pas la béatification de leur sainte bergère, déjà suffisamment glorifiée par tous les miracles qui s'opéraient à son sépulcre et par le grand concours de peuple qui y accourait de toutes parts. Le commissaire devina facilement la cause de ce refus. C'était le bruit répandu dans le village que si la béatification avait lieu, le corps de la sainte bergère serait enlevé de Pibrac. Il fit tout ce qu'il put pour leur ôter cette crainte, et enfin, après de nombreuses protestations, il réussit à obtenir la nomination d'un procureur.

Ce qui advint quelques années après fut encore plus sérieux. On avait déjà terminé à Toulouse le procès d'information sur la vie et sur les miracles de la servante de Dieu, et l'on devait ajouter un autre procès, qu'on appelle *de non culte*. Il consiste à prouver par témoins qu'il n'a été pratiqué, ni permis en l'honneur de la personne déjà déclarée vénérable aucun culte public, non encore reconnu et approuvé par le saint Siége, ou qui ne soit excepté par les décrets d'Urbain VIII. Or, ce procès ne pouvant se faire qu'à Pibrac et dans le lieu même où est le sépulcre de la servante de Dieu, Mgr l'archevêque de Toulouse ordonna que la commission qui en était chargée se rendît en cet endroit. Lorsqu'on eut appris à Pibrac que dans peu de jours viendraient de Toulouse le vicaire général, des chanoines, des procureurs et des notaires ecclésiastiques, tous commencèrent à soupçonner et finirent par croire que c'était là le moment où on leur enlèverait le corps de la sainte. Il ne manqua pas de personnes intéressées qui, craignant par la soustraction des reliques de perdre tout le gain que leur pourrait procurer le concours des pèlerins, échauffèrent le peuple, répandirent de plus en plus le bruit d'un enlèvement et inspirèrent l'idée de s'y opposer par la force. C'est pourquoi tout le village fut en un instant dans un tumulte et une agitation indicibles. Riches et pauvres, grands et petits, gens de tout âge et de toute condition, se soulevèrent en masse, et, fesant éclater leur indignation, ils se portèrent en foule autour de l'église, prêts à défendre, même au péril de leur vie, le dépôt sacré de leur bien-aimée bergère.

Sur ces entrefaites, arriva de Toulouse la commission, qui de loin fut saluée par des huées et de fortes menaces. Le vicaire général s'apercevant d'où venait le tumulte, parla à la multitude; mais put difficilement se faire entendre, vu que le peuple dans sa fureur fesait des menaces de tous côtés. Il y eut même un curé des environs qui eut le bras atteint par un coup de pierre. Enfin, on obtint non sans peine d'entrer dans l'église, qui fut aussitôt remplie de monde. Ce fut alors que, surtout les jeunes gens et ceux dont l'esprit était plus exalté, commencèrent à élever la voix et à crier : « Nous ne voulons pas de béatification ; sainte Germaine est à nous ; nous ne la céderons jamais, et nous ne permettrons pas à quelque prix que ce soit qu'on nous l'enlève. Le vicaire général, M. Jacques Baillés, plus tard évêque de Luçon, s'efforça de calmer la foule ; mais tout fut inutile, parce qu'elle ne voulait rien entendre. Enfin, choisissant un moment où il y eut un peu de silence, toute la commission éleva la voix et protesta qu'il n'était jamais venu à l'idée de personne de vouloir enlever le corps de Germaine, et qu'il resterait toujours à Pibrac, soit avant, soit après la béatification. La commission assura de plus fort que telle était l'intention de Mgr l'archevêque, dont ils se fesaient les garants. Mais les commissaires avaient beau dire et protester, le peuple, dans l'état d'effervescence où se trouvaient les esprits, ne les écoutait pas et n'en croyait nullement à leurs paroles. C'est pourquoi cette première séance de la commission se passa au milieu des cris, des réclamations et des menaces. Le préfet du département et le procureur général voulaient procéder au châtiment des principaux moteurs de ce tumulte ; mais les autorités ecclésiastiques demandèrent grâce pour les coupables, qui finalement n'en étaient venus à ces excès que par un sentiment de vénération et d'attachement pour le sacré trésor qu'ils possédaient et qu'ils voulaient garder à tout prix comme leur bien propre. Et ce sentiment paraîtra bien naturel si l'on se rappelle tout ce que nous venons de raconter.

## § XXIV.
### Actes de la béatification.

Comme nous l'avons déjà dit, ce fut Mgr Paul d'Astros archevêque de Toulouse, qui, plein de zèle pour la gloire de la servante de Dieu, Germaine Cousin, prit à cœur l'affaire de la béatification et en poursuivit l'expédition avec ardeur. Ce digne prélat si distingué par ses vertus avait déjà bien mérité de l'église catholique dont il s'était montré le généreux champion dans les temps les plus périlleux, et ce fut vers cette époque, où il prenait en main la cause de notre sainte, qu'il en reçut une récompense et se vit appelé à l'honneur du cardinalat. Les recherches déjà faites par l'archidiacre Duffour en 1661, et par le père Morel en 1700, outre qu'elles avaient été entreprises sans les formalités nécessaires et accoutumées, se bornaient à la simple reconnaissance de l'indentité et de l'intégrité du corps de Germaine, et aux témoignages recueillis par écrit de quelques événements prodigieux; mais on y parlait très peu des vertus de la sainte. C'est pourquoi il fut nécessaire de dresser de nouveaux procès en la forme voulue. Ils furent entrepris en 1843 et terminés l'année suivante.

Une copie authentique des susdits procès ayant été portée à Rome, Grégoire XVI donna, le 24 janvier 1845, la faculté de l'ouvrir, et le même jour il nomma comme avocat et rapporteur de la cause l'éminentissime cardinal Louis Lambruchini, lequel, avec beaucoup de zèle et une piété particulière, s'efforça d'en accélérer l'expédition. Le 14 juin de la même année, dans la réunion ordinaire de la Congréation des Rites, on proposa l'introduction de la cause qui, le 20 du même mois, fut approuvée du souverain Pontife. Cette introduction avait été demandée au Saint Père par les suppliques de sept archevêques, de seize évêques, de dix-sept chapitres de cathédrale, de dix-huit paroisses et de plusieurs communautés religieuses de France. Le 27, on concéda la faculté d'expédier les lettres remissorielles pour l'instruction du procès apostolique touchant l'opinion de sainteté qui se conservait de la vie de Germaine Cousin, ainsi que sur ses vertus et ses miracles. D'autres lettres rémissorielles furent encore expédiées en 1846 et en 1847 à Toulouse et à Bourges, afin qu'on fît des informations juridiques sur quelques-uns des miracles éclatants opérés en ces lieux par l'intercession de la servante de Dieu.

La validité de tous ces procès, dressés soit par l'autorité apostolique, soit par celle de l'ordinaire, fut discutée et approuvée par la congrégation le 22 juillet 1848 et confirmée six jours après par le souverain pontife Pie IX. Les choses étaient ainsi disposées vers le 23 janvier 1849, époque où devait se tenir, selon l'usage, la première Congrégation touchant les vertus de la sainte. Cette congrégation, que l'on nomme antipréparatoire, ne put avoir lieu, soit à raison des troubles qui régnaient alors à Rome, soit à cause de l'absence du cardinal rapporteur. On obtint donc de Sa Sainteté qu'il fût permis de recueillir individuellement les votes des révérendissimes consulteurs et que cela tint lieu de la congrégation anti-préparatoire.

La seconde congrégation, qu'on nomme préparatoire, se tint le 22 novembre de la même année, au Palais épiscopal du Quirinal. La cause y fut discutée et examinée à fond, et comme il ne restait plus rien à opposer, Sa Sainteté ordonna qu'on se préparât à la congrégation générale qui se tiendrait en sa présence et où l'on rappellerait les mêmes objections et les réponses qui avaient été faites dans la congrégation précédente. Ainsi, le 26 mai 1850, fut publié le décret d'approbation des vertus de Germaine Cousin au degré héroïque.

Enfin, les quatre miracles requis pour l'expédition de la cause proposés et examinés avec soin selon les formes accoutumés dans les trois congrégations tenues le 2 décembre 1851, le 23 novembre 1852 et le 19 avril 1853 furent aussi approuvés le 5 mai 1853 et le 24 juin fut publié le décret où il était déclaré qu'on pouvait procéder en toute sûreté à la béatification solennelle de la vénérable servante de Dieu Germaine Cousin.

D'après ce que nous avons dit jusqu'ici, on voit qu'à partir de la première introduction jusqu'au dernier décret qui autorise la béatification, cette cause a été commencée et finie par la Congrégation des Rites dans l'espace de huit années. Il faut reconnaître qu'on doit cette célérité toute exceptionnelle à la sollicitude et aux soins des deux archevêques de Toulouse, Mgr d'Astros et Mgr J.-M. Mioland, ainsi qu'au zèle du cardinal promoteur, Mgr Louis Lambruschini, du postulateur, M. Barthier, chanoine de Toulouse, représenté à Rome par Mgr Jacques Estrade, camérier d'honneur de Sa Sainteté Pie IX, et de l'avocat distingué, Mgr François Mercurelli, aujourd'hui secrétaire de Pie IX pour les lettres latines, qui, chacun de son côté, ne négligèrent rien de tout ce qui pouvait hâter la conclusion.

Il faut aussi convenir que la célérité avec laquelle l'affaire a été expédiée se doit attribuer, moins aux secours humains, qu'à une disposition toute spéciale de Dieu qui voulait exalter et glorifier sa très humble servante. Cependant, on ne peut pas dire que les difficultés qui se présentèrent durent être légères et peu nombreuses, car, au contraire, elles étaient fort graves, soit par rapport à la valeur des preuves, soit en ce qui touchait à la substance des faits. Cependant, tous ces obstacles furent levés pour ainsi dire en un clin d'œil, et tous, soit cardinaux, soit consulteurs se réunirent en un même sentiment. Le souverain Pontife lui-même, Grégoire XVI, avait craint d'abord pour l'issue de cette cause, mais à peine en eut-il lu avec calme l'exposé qui avait été présenté lors de l'introduction, qu'il n'hésita plus à l'appeler admirable, prodigieuse, et à engager le postulateur à la poursuivre avec tout le zèle possible. Bien plus, le promoteur même de la foi, dans les notes qu'il avait faites pour la dernière congrégation, vient confirmer tout ce que nous avons dit. Voici ses paroles dans la langue originale : *Dum causæ hujus exordium, progressum et exitum considero, confiteri cogor, eidem suffrogari seriem universam actorum omnium, quæ tam prodigiosum præferunt initium, tam mirum adjunctorum nexum, tam expeditam difficultatum gravissimarum solutionem, tam celerem totius causæ cursum, ut simul sumpta divinum placitum non minùs perspicuè prodant, quàm ipsa miracula. Vix de hujus causæ introductione agi cœpit, ipsa ad se amplissimorum patrum S. R. C. addictorum animos inclinavit, et licet eo majorem difficultatem in objiciendo et judicando adhiberent quo magis se affectos sentiebant in venerabilem Germanam, simul tamen hoc erat omnium desiderium, ut propositæ difficultates feliciter solverentur... Quamobrem sive spectem judicia a sanctitate suâ edita in hac causâ, sive ipsius progressum, sive denique extrinseca quæ commemorabam, adjucta, omnia simul mihi clamare videntur : Digitus Dei est hic, etc.*

## DÉCRET

*Sur les vertus héroïques de la vénérable servante de Dieu* Germaine Cousin.

L'Eglise de Jésus-Christ que la sainte Ecriture nous représente toute brillante de ses divers ornements, a toujours donné pour preuve de sa céleste origine des marques aussi magnifiques que multipliées. C'est ainsi qu'elle se plaît à montrer une série non interrompue de héros chrétiens de tout âge et de toute condition, dont la vie si pure fait voir la sainteté de la société catholique, en même temps qu'elle offre à chacun, dans les diverses positions de la vie, de parfaits exemples de vertu à imiter. Ainsi se distingua entr'autres une humble jeune fille, simple bergère, appelée Germaine Cousin. Elle naquit en 1579, au village de Pibrac, dans le diocèse de Toulouse. Préposée dès son enfance à la garde d'un troupeau, elle passa sa courte vie dans les champs, affligée par une maladie qu'elle avait apportée en naissant, manquant de tout, souvent du nécessaire, exposée aux intempéries des saisons, et tournée en ridicule par ses compagnes, ne recevant dans la maison paternelle que de mauvais traitements. Mais Dieu l'aima beaucoup, à cause de la merveilleuse pureté de sa vie toute entière, de son excellente piété, de son irréprochable exactitude à remplir les devoirs de sa charge, de son incomparable douceur, de son insigne constance et de sa tendre charité pour le prochain. Elle était toujours prête à remplir envers tous, ne sachant point distinguer entre amis ou ennemis, tous les devoirs que cette dernière vertu prescrit, soit pour l'âme, soit pour le corps, jusqu'à ce point qu'elle ne faisait point difficulté de se priver chaque jour, même du nécessaire, pour en faire part aux indigents. Cette jeune fille, ayant peu vécu, remplit cependant par sa vertu le cours d'une longue vie, et elle sortit subitement de ce monde, âgée de vingt-deux ans.

La réputation de sainteté que lui avaient valu ces sublimes vertus, s'accrut au moment de sa mort et ne se démentit pas après son décès. Elle reçut même un plus beau lustre quarante-trois ans après, époque où son corps fut levé de la terre où il avait été déposé. On le trouva tout entier et ses membres avaient conservé leur souplesse. Alors, à sa réputation de sainteté, vint se joindre une grande réputation de miracles; mais la pauvreté du bourg qui l'avait vue naître, et le peu de connaissance qu'on avait alors des formalités à remplir pour la poursuite des procès relatifs à la canonisation des Saints, furent cause que les visites et les enquêtes faites par l'ordinaire, jusqu'en 1700, n'aboutirent qu'à constater l'intégrité et l'identité du corps de Germaine, et à dresser des procès-verbaux des miracles que l'on racontait avoir été opérés par son intercession. Les choses en étaient là, lorsque survinrent en France ces bouleversements déplorables qui attirèrent sur l'Eglise tant de malheurs, la privèrent de ses ressources, et mirent un obstacle insurmontable à toute poursuite de procès de canonisation. Mais en 1845, comme on goûtait quelque repos, une enquête fut faite par l'autorité de l'ordinaire sur la réputation de sainteté, les vertus et les miracles de cette jeune fille, et présentée à la sacrée Congrégation des Rites. Elle se trouva appuyée des prières de presque tous les archevêques et les évêques de France, et du clergé séculier et régulier qui conjuraient le Saint-Siége de procéder à la béatification de Germaine.

Tels sont les commencements de la cause. Or, après avoir rempli tous les préliminaires prescrits par les règles et l'usage de la susdite Congrégation, on aurait dû s'occuper, le x<sup>e</sup> des calendes de février 1849, des vertus héroïques de la servante de Dieu dans une congrégation antipréparatoire qui se serait tenue chez le Révérendissime Cardinal Aloysius Lambruschini ; mais, vu le malheur des temps, en vertu d'un indult apostolique, on recueillit les suffrages des consulteurs, et cela équivalut à la Congrégation elle-même. On revint encore à l'examen des vertus le xxi<sup>e</sup> des calendes de décembre de la même année, au Palais apostolique du Quirinal, en présence des Révérendissimes Cardinaux préposés à la garde des Rites. Il fut reconnu dans les débats que les difficultés soulevées jusqu'alors avaient été si bien résolues, qu'il n'y avait plus lieu de craindre d'en voir surgir de nouvelles ; ce qui détermina le Souverain Pontife à ordonner que la cause serait proposée à la prochaine Congrégation générale, avec les mêmes oppositions et les mêmes réponses. Cet examen des vertus fut enfin terminé dans l'assemblée générale qui se tint au Palais apostolique du Vatican, en présence de Notre Saint Père le Pape Pie IX, la veille des ides de mai de l'année suivante. On y proposa le doute : « S'il conste des vertus

» théologales, la Foi, l'Espérance et la Charité envers
» Dieu et le prochain, ainsi que des vertus cardinales,
» la Prudence, la Justice, la Force et la Tempérance
» et de ce qui y a rapport, pratiquée en un degré héroï-
» que dans le cas, et pour l'effet dont il s'agit. » Les Révérendissimes Cardinaux et tous les Pères déclarèrent que Germaine Cousin avait pratiqué ces vertus jusqu'à l'héroïsme. Toutefois, le Souverain Pontife différa de porter sa sentence, pour pouvoir recourir encore au secours divin et aux lumières célestes : ce qu'il recommanda de faire aux assistants avec une bonté toute particulière.

Il examina encore cette affaire en son particulier avec toute l'attention convenable et des prières soutenues ; et ce jour de dimanche, fête de la très sainte Trinité, il célébra très pieusement le saint sacrifice de la messe dans la chapelle Sixtine au Vatican, et ayant imploré de nouveau le secours divin, le même Souverain Pontife fit venir en sa présence le Révérendissime Seigneur Cardinal Aloysius Lambruschini, évêque de Porto, Ste-Rufine et Civita-Vecchia, préfet de la sacrée Congrégation des Rites et rapporteur de la cause, le R. P. André-Marie Frattini, promoteur de la Foi et secrétaire soussigné, et il décréta formellement : « Il
» conste des vertus théologales et cardinales de la
» vénérable Germaine, à ce point, qu'on peut passer
» outre à la discussion des quatre miracles. »

Il ordonna de plus que ce Décret fût publié et rapporté dans les actes de la sacré Congrégation des Rites, le viie des calendes de juin 1850.

*Place du* † *sceau.*

A. Card. Lambruschini,
Évêque de Porto, Ste-Rufine et Civita-Vecchia,
Préfet de la sacrée Congrégation des Rites.

J.-J. Fattati,
Secr. de la S. C. des Rites.

## DÉCRET

*Sur les miracles opérés par l'intercession de la vénérable servante de Dieu* GERMAINE COUSIN.

Dieu qui fait le pauvre et le riche, qui élève et qui humilie, se plut à combler de ses dons la vénérable jeune fille Germaine Cousin, née dans le courant du seizième siècle au village de Pibrac, diocèse de Toulouse, de parents pauvres, dans une humble chaumière. Nulle distinction ne la signala au regard du monde; on lui confia seulement, depuis son enfance jusqu'à sa mort, le soin de garder un troupeau dans les champs. Mais telles furent pour elle les attentions de la Providence, qu'il fut visible à tous, parents et étrangers, justes et pécheurs, que le Très-Haut, par un effet de sa merveilleuse toute-puissance, avait élevé en elle l'indigent de la poussière et le pauvre du fumier. Sa course ne se prolongea guère au-delà de la vingtième année. Elle eut à soutenir, durant ce temps, de continuelles infirmités, la disette de toutes choses, même de celles qui sont nécessaires à la vie, les railleries de ses compagnes, et des persécutions domestiques. Mais après sa mort, de nombreux miracles, opérés par l'intercession de cette jeune fille, démontraient clairement qu'elle était assise sur un trône de gloire, en la compagnie des princes de la Cour céleste.

Déjà notre très saint Père le Pape Pie IX, par un décret daté du sept des calendes de juin 1850, avait déclaré que les vertus de Germaine s'étaient élevées jusqu'à l'héroïsme. Pour montrer plus clairement sa sainteté et lui faire obtenir qu'on pût élever des autels en son honneur, les postulateurs de sa cause choisirent quatre miracles parmi plusieurs autres, que Dieu daigna opérer en des circonstances diverses par l'intercession de Germaine, telle était l'obligation qui leur était imposée, pour les soumettre aux épreuves juridiques, selon la coutume et les lois établies. On les discuta d'abord dans l'assemblée anti-préparatoire de la sacrée Congrégation des Rites, tenue le 4 des nones de décembre 1851, chez le Révérendissime Seigneur Cardinal Aloysius Lambruschini, rapporteur de la cause ; ensuite dans l'assemblée préparatoire tenue le 9 des calendes de l'année suivante 1852, au palais apostolique du Vatican, en présence des Révérendissimes Cardinaux attachés à la sacrée Congrégation des Rites, et enfin à l'assemblée générale tenue le 13 des calendes de mai de l'année suivante, en présence de notre très-saint Père le Pape Pie IX. Ce fut là que le Révérendissime Seigneur Cardinal Constantin Patrizi, évêque d'Albano et vicaire de Rome, proposa, au lieu et place du Révérendissime Seigneur Cardinal rapporteur, le doute suivant : *S'il conste de miracles, et de quels miracles, dans le cas et pour l'effet dont s'agit.* Les Révérendissimes Cardinaux et les autres Pères consulteurs donnèrent chacun leurs suffrages.

Notre très-saint Père le Pape les écouta attentivement ; mais, ne voulant pas prononcer sa sentence définitive, les congédia avec des paroles pleines de bonté, et vu la très grande importance de ce jugement il les exhorta à adresser à Dieu de ferventes prières. On pria, selon son désir, et dès-lors Sa Sainteté, ne voulant plus admettre de nouveaux délais, résolut de manifester son opinion en ce jour où l'on célèbre la fête de l'Ascension de Notre-Seigneur Jésus-Christ dans les Cieux, et ayant offert, dans les sentiments de la plus profonde piété, l'hostie de l'alliance sacrée, et redoublé ses prières pour obtenir les secours de la lumière céleste, il se rendit, selon la coutume ancienne des Souverains Pontifes, dans l'archibasilique patriarchale de Latran, où il assista, avec le sacré Collége, à une messe solennelle ; et ayant donné au peuple, du haut du balcon, la bénédiction apostolique, il se rendit à la sacristie de la susdite église ; il y fit venir devant lui le Révérendissime Seigneur Cardinal Aloysius Lambruschini, évêque de Porto, Sainte-Ruffine et Civita-Vecchia, préfet de la sacrée Congrégation des Rites et rapporteur de la cause, ainsi que le R. P. André-Marie Frattini, promoteur de la Foi, et moi sous-signé pro-secrétaire ; et il prononça solennellement en leur présence :

« *Qu'il conste de quatre miracles, les deux premiers du second ordre, et les deux autres du troisième ordre, opérés de Dieu sur l'invocation du secours de la vénérable Germaine Cousin, savoir : le premier, multiplication du pain ou de pâte ; le second, multiplication de farine ; le troisième, guérison instantanée et parfaite de Jacquette Catala, du rachitis ; le quatrième, guérison instantanée et parfaite de Philippe Luc, d'une fistule avec carie.* »

Il ordonna, en outre, que ce décret fût publié et inséré aux actes de la sacrée Congrégation des Rites, ce 3 des nones de mai 1853.

*Place du † sceau.*

A. Card. Lambruschini,
Evêque de Porto, Sainte-Rufine et Civita-Vecchia,
Préfet de la sacrée Congrégation des Rites.

Dominique Gigli,
Pro-secrétaire de la S. C. des Rites.

## BREF DE BÉATIFICATION

*Pie IX, Souverain Pontife, pour en conserver le souvenir.*

Dieu, créateur et arbitre immortel de toutes choses, n'a rien tant en horreur que l'orgueil insensé des hommes; aussi a-t-il frappé et rempli d'affliction ceux qui, comptant sur eux-mêmes, se sont laissés aller à une vaine présomption, tandis que, soutenant par son assistance divine les humbles et les petits, il les a destinés à l'accomplissement des œuvres les plus étonnantes. Nous le voyons dans l'histoire de l'Ancien Testament, dirigeant lui-même la main d'un jeune homme pour abattre l'audace de ce géant qui faisait l'espoir de l'armée des Philistins. Nous le voyons encore, remplissant d'une ardeur guerrière une faible femme, pour mettre à mort Holopherne. De semblables prodiges se sont renouvelés dans tous les siècles suivants où Dieu s'est plu à choisir ce qu'il y a d'infirme en ce monde pour confondre ce qui est fort. Nous en avons un exemple frappant au seizième siècle : on vit alors des hommes enflés de je ne sais quelle vaine sagesse, ennemis de Dieu au-delà de toute mesure, essayer de captiver sous les lois de l'orgueil une intelligence qui se devait toute à la Foi, enfanter, pour la ruine des âmes, les plus abominables systèmes de monstrueuses erreurs. Mais, en même temps, une humble et simple jeune fille, issue d'un bourg sans renom, vraie et sincère dans la pratique de la dévotion, aidée d'en haut par l'esprit de sagesse et d'intelligence, dépassa tout ce qu'on pouvait attendre de son âge et de sa condition dans l'exercice des plus sublimes vertus, et, comme un astre nouveau, elle répandit un merveilleux éclat, non-seulement sur l'Église de France qui l'avait vue naître, mais encore sur l'Église Universelle. Or, ce fut à Pibrac, bourg du diocèse de Toulouse, qu'elle nâquit de parents pauvres, en 1579 ; et, dans sa régénération dans les eaux du baptême, elle reçut le nom de GERMAINE. Destinée à souffrir dès le début de sa carrière, elle aperçut devant elle la voie des plus amères douleurs, et elle y entra avec un cœur inondé de joie. Elle avait perdu sa mère de bonne heure, et une marâtre sévère lui fit sentir les plus mauvais traitements. Rejetée, à son instigation, du toit paternel, tout affligée qu'elle était des écrouelles, elle fut chargée de garder un troupeau. Ce genre de vie fut pour cette vénérable jeune fille l'occasion d'avancer à grands pas dans la pratique de la perfection. La solitude des champs et le silence des forêts ne lui offrant rien qui pût fixer son cœur et l'attacher aux choses périssables de la terre, elle le consacra à Dieu irrévocablement. Brûlant d'amour pour lui, soit qu'elle conduisit ses brebis aux pâturages, soit que, selon les habitudes de son sexe, elle filât sa quenouille, jamais elle ne perdit l'esprit d'oraison. Fidèle à ses pratiques de piété, elle ne put être détournée de leur accomplissement ni par la longueur des trajets, ni par le mauvais état des chemins. Elle laissait son troupeau au milieu des forêts, et se reposant avec confiance sur les soins de la Providence Divine, quelqu'éloignée qu'elle fût de l'Eglise, elle s'y rendait tous les jours pour assister au sacrifice. Elle aimait à se purifier souvent par le sacrement de pénitence, et puis elle allait s'asseoir à la table sainte pour s'y nourrir de la Divine Eucharistie. Elle honorait d'une vénération toute filiale la sainte Mère de Dieu et lui rendait fréquemment les hommages de son respect et de sa dévotion ; son cœur, tout brûlant d'amour pour Dieu, ne s'en ouvrait pas moins à la charité envers le prochain ; elle lui venait en aide, selon ses humbles ressources, toutes les fois que l'occasion s'en présentait, soit pour l'âme, soit pour le corps. Ainsi, elle avait l'habitude d'apprendre aux enfants les mystères de la foi, et de les former à la piété ; et, quoiqu'elle n'eût pour toute nourriture qu'un peu de pain, elle s'en privait pour appaiser la faim des indigents. Elle donnait des preuves éclatantes et singulières de sa douceur, de sa patience et de sa constance dans le bien. Elle endurait, en veillant au troupeau qui lui était confié, les rigueurs du froid et du chaud. Elle souffrait, dès son enfance, de la maladie des écrouelles. Toutes les fois qu'elle rentrait dans la maison paternelle, c'était, de la part de sa marâtre, des mauvais traitements, qui semblaient croître chaque jour en dureté et en rigueur Si elle voulait prendre un peu de repos, elle était obligée de se coucher sur la paille dure, dans un réduit obscur de la maison. Ces souffrances et ces vexations ne purent l'abattre ; bien au contraire, on vit toujours la gaîté sur son front, signe non équivoque du bonheur qu'elle ressentait de souffrir et d'être méprisée, pour devenir conforme à l'image du Fils de Dieu.

Tandis que cette jeune fille pleine d'innocence persévérait avec joie et ardeur dans le dessein qu'elle avait formé de tendre à la perfection, mûre pour la récompense qu'avait méritée ses travaux, elle reçut, à l'âge de vingt-deux ans, une vie éternellement bienheure en échange de cette vie périssable et pleine de misères. Tout le monde avait été frappé de la splendeur de tant de vertus ; on la regardait comme une sainte, et cette réputation de sainteté, loin de cesser ou de diminuer après sa mort, ne fit que s'étendre de tous côtés. Elle s'accrut même, lorsque, quarante ans après le décès de cette jeune vierge, on trouva ses dépouilles mortelles parfaitement conservées, sans la moindre corruption, et recouvertes de fleurs d'une fraîcheur remarquable. Ce prodige fut le prélude d'un nombre considérable d'autres prodiges que la puissance suprême opéra sur le tombeau de la servante de Dieu. Le bruit en vint aux oreilles de l'autorité archiépiscopale de Toulouse, qui trouva bon de faire de juridiques informations sur ses miracles et sur ses dédépouilles mortelles encore dans le sein de la terre, mais toujours sans corruption ; et deux témoins oculaires, qui avaient bien connu Germaine pendant sa vie, affirmèrent leur identité. Les prélats qui se succédèrent alors sur le siège de Toulouse reconnurent que ces belles vertus, auxquelles Dieu lui-même rendait témoignage, méritaient d'être déférées au siège apostolique, afin qu'il plaçât au rang des saints celle qui les avait pratiquées. Mais survinrent ces temps si douloureux et si funestes pour l'Eglise de France et même pour l'Eglise Universelle, qui amenèrent des obstacles à la poursuite de cette affaire. On ne saurait toutefois assez vénérer les desseins de la Divine Providence, qui a réservé cette cause pour l'époque où nous vivons, afin que l'exemple de cette jeune fille qui, par l'innocence de sa vie et la pratique de l'humilité, est parvenue à la gloire des bienheureux, ranime et fortifie la foi presque éteinte dans le cœur de plusieurs, et que les mœurs s'amendent selon les règles de la religion chrétienne. Néanmoins, comme il s'était écoulé 242 ans depuis la mort de la vénérable servante de Dieu, il semblait presque impossible de recueillir assez de témoignages pour informer et juger sur les vertus et sur les miracles opérés par son intercession, afin qu'elle pût être inscrite sur le catalogue des bienheureux. Mais Dieu qui élève les humbles a fait disparaître toutes les difficultés, et il faut convenir que ce n'est pas sans une Providence toute spéciale que la tradition des actions de la vénérable Germaine, et des prodiges qui la concernent, soit parvenue jusqu'à nous constante et sans altération. Ce qui frappe d'abord, c'est que l'on voit encore à Pibrac des familles qu'on y voyait tandis que Germaine était encore sur la terre et qu'il se soit rencontré dans ces familles des membres dont la vie ait été assez prolongée pour qu'à l'aide de trois ou quatre témoins, le souvenir des faits soit arrivé jusqu'à nous. Tout ce qui touche aux vertus de cette vierge très innocente, et à la série non interrompue de ses miracles a été transmis des bisayeux aux ayeux, aux petits-fils et leurs descendants, avec tant d'assurance et d'intégrité, que, dans une si longue suite d'années, on remarque dans les récits de tous une admirable ingénuité, une admirable simplicité, un admirable accord, ce qui constitue des caractères très certains et des preuves incontestables de vérité. Aussi, après un soigneux examen des vertus de la vénérable Germaine, fait par nos vénérables frères les cardinaux de la sainte Eglise Romaine préposés à la Congrégation des Rites, et après avoir adressé à Dieu de ferventes prières, nous avons déclaré ouvertement, par un décret publié le VII des calendes de juin 1850, qu'il constait des vertus de la servante de Dieu en un degré héroïque. Alors et dans la même Congrégation, a été commencé le jugement sur quatre miracles que l'on disait avoir été opérés de Dieu par son intercession. Après un sévère examen, ces miracles furent approuvés d'après les suffrages des consulteurs et l'avis des cardinaux; et Nous, ayant d'abord imploré l'assistance et le secours du Père des lumières, avons rendu, le III des nones de mai de l'année dernière 1853, un décret sur la vérité des miracles précités. Enfin, et pour dernière formalité, la susdite Congréation a été assemblée devant Nous, selon l'usage, la veille des calendes de juin, et après avoir recueilli les suffrages des consulteurs, elle a été d'avis à l'unanimité, que, lorsque Nous le trouverions à propos, on pourrait en sûreté décerner à la vénérable servante de Dieu les honneurs de la Béatification, avec tous les indults qui y sont attachés, en attendant la célébration solennelle de sa Canonisation. Pour Nous, touché des prières de tous les Evêques de France, de tout le clergé tant régulier que séculier, sur l'avis des cardinaux précités, chargés de veiller à ce qui regarde les Rites légitimes, de notre autorité apostolique, accordons par la teneur des présentes lettres, la faculté de désigner désormais la vénérable servante de Dieu Germaine Cousin, sous le nom de Bienheureuse, et d'exposer publiquement à vénération des fidèles son corps, ses restes ou reliques, avec la restriction cependant, qu'elles ne seront pas portées aux processions solennelles. Nous permettons encore par la même autorité, la récitation de l'office en son honneur et la célébration de la messe prise du commun des vierges, avec les oraisons propres approuvées par Nous, selon les rubriques du missel et du bréviaire Romain. Nous limitons toutefois cette faculté à la paroisse de Pibrac et au diocèse de Toulouse, fixant le 15 juin à tous les fidèles séculiers et réguliers qui sont tenus à la récitation des heures canoniales ; et, pour la messe, elle pourra être célébrée par les prêtres qui se rendront dans les églises où se célèbrera la fête de la bienheureuse. Nous accordons, enfin, la permission de célébrer la solennité de la Béatification de la susdite servante de Dieu dans les églises du diocèse de Toulouse, avec office et messe du rit double-majeur, dans l'année qui suivra l'expédition des présentes. Nous prescrivons, toutefois, que le jour de cette solennité sera fixé par l'ordinaire, et après seulement qu'elle aura été célébrée dans la Basilique du Vatican ; nonobstant les constitutions et dispositions Apostoliques, décrets de non culte, publiés jusqu'à ce jour, et tous actes contraires. Nous voulons, au surplus, que même foi absolument soit ajoutée aux copies, même imprimées des présentes lettres, pourvu qu'elles soient signées de la main du secrétaire de la susdite Congrégation et munies du sceau de son préfet, que celle qu'on ajouterait à l'expression de notre volonté par la manifestation des présentes.

Donné à Rome, à Saint-Pierre, sous l'anneau du pêcheur, le premier jour du mois de juillet 1853, la huitième année de notre pontificat.

A. Card. Lambruschini.

Place ☩ du sceau.

## § XXV.

*Nouveaux miracles accomplis depuis la béatification de Germaine Cousin.*
*Récit des deux miracles qui ont été approuvés pour la canonisation.*

Oui, le doigt de Dieu était vraiment dans cette cause, et c'est ce que l'on voit d'une manière bien plus manifeste après la béatification. En effet, la solennité de cette fête une fois célébrée d'abord à Rome, puis à Pibrac, l'on vit croître très sensiblement la dévotion des fidèles et leur confiance envers la bienheureuse bergère, et Dieu se plut à confirmer cette foi en opérant, par l'intercession de Germaine, d'autres miracles éclatants. A peine quelques mois s'étaient écoulés que Sa Sainteté signait un rescrit par lequel on établissait une commission pour reprendre la cause de la Bienheureuse. On demanda et l'on obtint des lettres remissoriales avec la faculté de rédiger les procès apostoliques sur les nouveaux miracles. On en choisit deux parmi les plus éclatants, lesquels avaient eu lieu, l'un à Langres et l'autre à Toulouse. Les voici :

Françoise Huot, née à Bonnecourt, canton de Neuilly, au diocèse de Langres, eut jusqu'à l'âge de dix-neuf ans une santé vigoureuse et prospère. Elle se mit en service chez M. Jacquinot en la terre de Chaumont, et là elle fut prise à l'improviste de souffrances fort vives à la tête et surtout à la partie postérieure du crâne, aux yeux et aux tempes. Vers le même temps, elle commença à éprouver à l'extrémité de l'épine dorsale une douleur qui alla toujours en augmentant et peu à peu envahit toute l'étendue du dos. Françoise continua son service du mieux qu'elle pût, mais avec beaucoup de peine, durant l'espace de dix mois ; après quoi, elle fut contrainte de s'en retourner à la maison paternelle. Les médecins qui la visitaient ayant déclaré son mal fort grave et dangereux, sa maladie, dans ce nouveau séjour, ne fit que s'aggraver et les douleurs de tête et de l'épine dorsale devinrent telles que la pauvre infirme perdit l'usage des bras et des jambes. Sa vue s'affaiblit, les articulations vertébrales du cou se roidirent de façon qu'elle ne pouvait plus se mouvoir sans éprouver des douleurs et des spasmes affreux. On lui appliqua plusieurs remèdes violents, mais ils ne servirent qu'à accroître ses souffrances et sans doute ses mérites par sa patience et sa résignation à la volonté divine. Elle resta dans cet état durant quatorze mois; quand enfin la famille ne pouvant plus suffire aux dépenses d'une si longue infirmité se trouva contrainte de l'envoyer à l'hopital de la charité à Langres. Là, d'autres médecins, après avoir employé inutilement toutes les ressources de l'art, confirmèrent la déclaration faite par les premiers que la maladie de Françoise était un ramollissement de la moëlle épinière, accompagné de symptômes mortels reconnue désormais incurable.

Il y avait déjà six mois qu'elle était à l'hôpital, épuisée de forces, couverte de plaies, paralytique et attendant la mort chaque jour, lorsque le 5 juin 1858 elle fut tendrement exhortée par une religieuse de la Compassion à mettre sa confiance dans l'intercession de la bienheureuse Germaine.

Comme l'infirme disait n'avoir jamais entendu parler de cette bienheureuse, la bonne religieuse lui apprit que c'était une pauvre bergère récemment béatifiée, que Dieu se plaisait à glorifier en opérant par elle beaucoup de miracles. A ces mots, Françoise prit courage et dit : Si Germaine a été bergère, elle est ma protectrice, car moi aussi j'ai été bergère dans mon enfance. Je ferai une neuvaine en son honneur et j'espère qu'elle aura pitié de moi et m'obtiendra en me guérissant la grâce d'entrer, comme je le désire, chez les Petites-Sœurs des pauvres. Sans en dire davantage, elle commença aussitôt la neuvaine, et elle répétait souvent ces paroles : « Bienheureuse Germain, si Dieu veut » que je devienne petite sœur des pauvres, » obtenez qu'il me guérisse par votre interces- » sion. »

Durant la neuvaine, il arriva que les douleurs de la malade s'accrurent outre mesure ; mais elle ne cessa pas de prier et ne perdit rien de sa confiance. Le 14 juin, dernier jour de la neuvaine, on la mit, non sans grande difficulté, sur un siège et on la porta à la chapelle où l'on devait offrir pour elle le divin sacrifice. Au moment de la communion, on approcha le siége de la balustrade et deux religieuses soulevèrent l'infirme afin qu'elle pût recevoir la sainte Eucharistie. A peine eut-elle communié, qu'elle sentit dans tous ses membres un mouvement insolite, et à l'instant même ses jambes paralysées et contractées s'allongèrent ainsi que ses bras. Les plaies se cicatrisèrent tout-à-coup et les douleurs cessèrent instantanément, la laissant dans une santé parfaite. Alors, se sentant complétement guérie elle écarta les personnes qui la soutenaient, se leva de son siège et se mit à genoux pour rendre grâces à Dieu. Ensuite elle sortit librement et pleine de santé de la chapelle entourée de plusieurs religieuses et de beaucoup d'autres personnes auxquelles l'émotion arracha des larmes, et qui à la vue d'une si grand prodige louaient hautement le Seigneur qui est toujours admirable dans sa Sainte.

La demoiselle Lucie Noël, de Revel, au diocèse de Toulouse, était née avec une complexion grêle et avait montré dès l'âge le plus tendre une grande disposition aux infirmités qui dans la suite devaient l'éprouver si cruellement.

Encore enfant, on remarqua en elle une démarche peu assurée qui devint avec le temps de plus en plus pénible. En 1851, elle eut des douleurs si aiguës dans les articulations, qu'elle ne pouvait plus monter un escalier sans avoir recours à l'aide d'une autre personne. L'année suivante le mal s'aggrava tellement qu'elle se vit dans une complète impossibilité de marcher. Sa jambe droite était allongée de cinq au six centimètres de plus que l'autre et se mouvait dans toutes les directions qu'on lui faisait prendre. Les médecins les plus distingués de Toulouse furent appelés pour la soigner, et après l'avoir bien examinée, d'un commun accord, ils reconnurent dans cette infirmité les caractères suivants : douleur au genou droit ainsi qu'au grand trochanter, engorgement des glandes du pli de l'aine, relâchement des muscles et enfin luxation spontanée du fémur accompagnée des conséquences les plus graves. Afin de guérir cette pauvre infirme de tant de maux, il n'y eut point d'art ni de remèdes que l'on n'employât durant le cours de plus de deux ans consécutifs. Mais tout cela fut inutile. Voyant donc que de la part des hommes il n'y avait plus aucun espoir de guérison, la demoiselle Lucie conçut la ferme confiance de l'obtenir par un miracle si seulement elle pouvait se rendre à Pibrac pour invoquer l'aide et la protection de la bienheureuse Germaine, envers laquelle elle sentait une vraie dévotion. C'est pourquoi, le 15 novembre 1854, elle se fit porter à Pibrac accompagnée de sa sœur et d'un prêtre. Une fois arrivée à la porte de l'église, elle se fit mettre à terre et soutenue par sa sœur, saisissant péniblement ses béquilles, elle se dirigea avec effort vers la balustrade de l'autel et près de la tombe de la bienheureuse Germaine. Là, elle entendit dévotement la sainte messe et fit la communion avec grande ferveur.

Au moment où elle allait communier, il lui vint à l'esprit de monter les degrés de la table sainte sans aucun aide; mais elle fut retenue par la crainte de se rendre coupable de témérité et de présomption. Cette même pensée lui revint une fois la messe terminée, quand elle s'approchait de la tombe de la Bienheureuse; mais elle fut toujours retenue par la même raison, et elle se laissa ainsi porter jusqu'en dehors de l'église et replacer dans son carrosse. Partie de Pibrac vers deux heures et demie de l'aprèsmidi, elle arriva à Grenade, petite ville qui se trouve près de Toulouse, et s'y arrêta avec sa sœur, dans la maison même du prêtre qui les avait accompagnées. Or, la demoiselle Lucie se trouvant seule dans une chambre en attendant l'heure du repas, se dit à elle-même : « Je veux voir si la bienheureuse Germaine m'a obtenu de Dieu le miracle que je suis allée lui demander auprès de son tombeau. » Et, sans autre réflexion, se levant tout-à-coup, elle jette de côté ses béquilles et se met à marcher librement plusieurs fois à travers la chambre. Sûre alors de sa guérison, elle appelle sa sœur, et, avec une joie inexprimable, elle s'écrie : « Je suis guérie ! je suis guérie ! » Et vraiment elle l'était, car sa jambe avait repris sa longueur naturelle et toute sa vigueur, de façon qu'elle en donna sur le champ une preuve en descendant et remontant rapidement l'escalier de la maison, et se donnant du mouvement dans tous les sens avec facilité.

Dabord, les assistants stupéfaits ne savoient que dire ; puis, revenant à eux-mêmes, ils refirent sur le champ et à pied, avec cette malade guérie, le voyage de Pibrac, où ils rendirent d'affectueuses actions de grâces à la bienheureuse Germaine.

De retour ensuite dans son pays, la demoiselle se fit examiner par les médecins et chirurgiens, lesquels attestèrent que cette guérison était miraculeuse. Les informations juridiques furent prises sur ces deux miracles par autorité apostolique. On les présenta ensuite à la sacrée Congrégation des Rites, qui les examina et les discuta avec soin dans trois de ses réunions. Enfin, ils furent approuvés par Sa Sainteté Pie IX, le 28 février 1865.

## § XXVI.

C'est ainsi que dans le court espace de peu d'années Dieu s'est plu à exalter jusqu'à l'honneur solennel de la canonisation sa pauvre et humble servante. C'est ici qu'il convient de nous rendre compte, autant que nous le pouvons, des desseins de la Providence, qui a choisi notre temps pour nous montrer la bienheureuse Germaine Cousin élevée sur les autels, sans doute pour confondre le faste, l'ambition et l'orgueil qui, à notre époque, triomphe plus que jamais dans le monde. Dieu ne pouvait présenter à nos yeux un plus puissant exemple que celui de notre humble bergère. En effet, nous la voyons naître de parents obscurs, passer sa vie dans l'abjection dans son petit pays, méprisée du plus grand nombre de ceux qui la connaissaient, et, au bout d'un petit nombre d'années, mourant dans un complet abandon. Et tout cela se termine par le triomphe le plus éclatant auquel une créature humaine puisse parvenir. Tant notre Dieu est fidèle à récompenser ce que l'on a fait pour lui.

Mais de la vie et des exemples de notre sainte ressort pour les chrétiens de nos jours une leçon plus importante encore et qui rendra inexcusable notre lâcheté. En effet, l'on ne voit rien ici de difficile, ni de trop élevé. Au contraire, nous avons devant nos yeux un genre de sainteté facile, accessible et proportionné aux forces les plus ordinaires. Observer les commandements de Dieu et de l'Eglise, fréquenter les sacrements les dimanches et fêtes, entendre chaque jour la messe, professer une tendre dévotion à Marie, obéir avec promptitude à ses parents et à ses supérieurs ; souffrir avec patience et résignation les infirmités, les paroles blessantes, les persécutions, les mauvais traitements, secourir le prochain dans ses nécessités spirituelles et corporelles ; éviter les dangers de l'âme et la tenir toujours pure devant Dieu ; chercher, en un mot, avec tout le soin possible, à faire son salut dans son état, tels sont les degrés par lesquels sainte Germaine arriva à la perfection la plus élevée. Fesons donc de même nous aussi, et nous deviendrons saints et parfaits. C'était ce même enseignement que le saint précurseur Jean-Baptiste donnait à la multitude accourue sur les rives du Jourdain pour entendre sa parole. Tous lui demandaient avec un grand empressement ce qu'ils devaient faire pour être sauvés. *Quid faciemus et nos?* Alors, le saint, dans sa profonde sagesse, se mettait à les interroger sur leur profession respective, et il leur disait : « Etes-vous soldat ? Sachez vous contenter de votre paie, et dorénavant ne faites plus tort à votre prochain ni par paroles, ni par actions. Etes-vous publicains, c'est-à-dire collecteurs pour les impôts ? Soyez honnêtes et n'exigez rien au-delà de ce qui vous est prescrit ? Etes-vous négociant ? Contentez-vous d'un gain raisonnable, n'altérez pas les mesures et n'augmentez pas injustement les prix ? Etes-vous nobles et riches ? Ne méprisez pas les autres et ne gardez pas pour vous seul le superflu ; mais distribuez-le aux pauvres. Etes-vous pauvres et hommes du peuple ? Observez les divers commandements, et supportez avec patience et résignation vos adversités. » Ainsi peu à peu donnait-il tour-à-tour à chacun les avis et les préceptes qui lui convenaient le mieux, nous montrant par là que la vraie sainteté consiste à accomplir avec perfection les obligations de notre propre état.

C'est la conséquence pratique qu'a rendue sensible, je l'espère, la lecture de la vie et des miracles de sainte Germaine. Puissent les âmes des fidèles tirer de ce petit ouvrage toute l'utilité que l'auteur s'est proposé de leur procurer en le composant, et prier la sainte pour lui, ainsi que pour tous ceux qui ont concouru à la grande œuvre de sa canonisation.

## DÉCRET

### (Cause Toulousaine.)

*Touchant la canonisation de la Bienheureuse Germaine Cousin, vierge séculière du petit village de Pibrac, diocèse de Toulouse, sur la question de savoir : S'il conste de miracles, et desquels il conste, dans le cas présent, pour obtenir le résultat dont s'agit ?*

Le Dieu qui choisit les faibles selon le monde pour confondre les sages, qui tire de leur poussière les êtres obscurs et méprisés et les fait asseoir sur des trônes de gloire, avait fixé lui-même son choix sur une jeune fille pauvre, la Bienheureuse Germaine Cousin, qui, sortie d'une famille obscure, sujette depuis l'enfance à de graves infirmités ; soumise à l'empire cruel d'une marâtre jusqu'à en recevoir des coups ; employée sans cesse dans les champs à la garde d'un troupeau, accomplit en peu de temps le cours de sa sainte vie. Mais cette vierge, faible et méprisable au dehors, était riche en vertus en paraissant morte au monde, elle menait une vie cachée en Dieu avec Jésus-Christ.

Aussi, quand elle eut été retirée de ce lieu de ténèbres et admise dans la demeure du ciel, elle commença à être glorifiée par des prodiges, afin que les mérites de sa vie, jusqu'alors cachés fussent reconnus. En conséquence, les informations sur les vertus et les miracles de cette innocente vierge ayant été commencées selon la forme établie par les constitutions pontificales, et le jugement ayant été rendu, Germaine fut inscrite au catalogue des Bienheureux par N.-S. Père le Pape Pie IX, le 5 mai 1854.

Cependant, après qu'on lui eut déféré ces premiers honneurs, commença à se répandre parmi les peuples le bruit de nouveaux miracles que le Dieu tout puissant aurait, disait-on, opérés par l'intercession de sa servante, ce qui conduisit à commencer l'examen de de ces faits par de nouvelles informations, après que sa sainteté eut autorisé la reprise de la cause. Deux miracles entre les autres furent soumis au triple examen d'usage. Le premier de ces examens eut lieu, dans l'assemblée nommée anti-préparatoire, en présence du Révérendissime cardinal Joseph Bofondi, rapporteur de la cause, en remplacement du Révérendissime cardinal Charles-Louis Morichini, alors absent. Cette réunion se tint le 9 septembre 1862 Le second examen eut lieu dans l'assemblée préparatoire qui se tint au Vatican, le 9 juin 1863. Le troisième se fit dans l'assemblée générale qui fut convoquée au palais apostolique du Vatican, en présence de Sa Sainteté, le 6 décembre 1864. Dans cette assemblée, le Révérendissime cardinal Joseph Bofondi ayant proposé le doute : s'il conste de miracles et desquels il conste dans le cas présent pour obtenir le résultat dont il s'agit? Les consulteurs d'abord, et après eux les Révérendissimes, cardinaux exposèrent leurs avis.

Après les avoir tous entendus, sa Béatitude ne voulut pas prononcer aussitôt sa sentence ; mais elle avertit tous les membres de l'assemblée d'avoir à prier avec ferveur la divine sagesse, afin de lui obtenir pour la décision d'une cause si importante le secours et les lumières d'en haut.

Enfin, Sa Sainteté désigna le jeudi après le dimanche de la sexagésime comme le jour où elle devait porter sa sentence définitive. C'est pourquoi Notre Très-Saint Père, après avoir, dans sa chapelle privée, offert le divin sacrifice, entra dans la grande salle du palais du Vatican, et étant assis sur son trône, appela auprès de lui le Révérendissime cardinal Constantin Patrizzi, évêque de Porto et sainte Rufine, préfet de la sacrée Congrégation des Rites, et le Révérendissime cardinal Joseph Bofondi, rapporteur de la cause ; et, avec eux, le R.-P. Pierre Minetti promoteur de la Foi, et moi, soussigné, secrétaire de la dite Congrégation, et en présence de ces personnes, il déclara : *qu'il conste de deux miracles opérés par Dieu Notre-Seigneur, à l'intercession de la Bienheureuse Germaine Cousin.* savoir : *en premier lieu, de la guérison parfaite et instantanée d'Anne-Marie Noël, atteinte d'une luxation spontanée du fémur ; secondement, de la guérison parfaite et instantanée de Françoise Huot, en religion sœur Julie-Germaine, atteinte d'une inflammation chronique de la moëlle épinière.*

Sa Sainteté ordonna que cette décision fût rendue publique et relatée dans les actes de la sacrée Congrégation des Rites, le 23 février 1865.

  **C.-Ev. de Porto, Ste-Rufine**, card. PATRIZZI.
   Préfet de la sacrée Congrégation des Rites.
*Place du Sceau* †
    D. BARTOLINI, secrétaire.
 Pour copie conforme,
    Laurent Ad. SALVATI
   Sous-promateur de la foi, assesseur
    de la même Congrégation.

# DÉCRET

(Cause Toulousaine.)

*Touchant la canonisation de la bienheureuse Germaine Cousin, vierge séculière du petit village de Pibrac, diocèse de Toulouse, sur la question de savoir : si l'on peut en toute sûreté procéder à la canonisation solennelle de la Bienheureuse Germaine ?*

Ce fut la souveraine bonté de Dieu qui retira de la garde des troupeaux David, jeune berger sans culture, pour lui donner à gouverner Israël, son héritage, et le sceptre à porter dans la maison de Jacob. C'est elle aussi qui a fait choix d'une jeune villageoise, la bienheureuse Germaine Cousin, l'a enlevée au soin de ses brebis, l'a environnée de la splendeur admirable de ses vertus, et l'a placée dans l'Eternité, sur un trône de gloire. Et de même qu'elle accorda à David de rendre le salut à Israël, en exterminant un farouche géant, ainsi elle donne à notre Germaine de soulager l'infortune des hommes et de délivrer leurs corps d'infirmités rebelles à tous les remèdes. Les guérisons miraculeuses qu'on disait avoir été opérées par le Seigneur à la prière de la bienheureuse Germaine depuis la cérémonie de sa béatification, ayant été soumises à un examen très exact de la part de la sacrée Congrégation des Rites, Notre Saint Père le Pape Pie IX déclara, dans un décret publié le 23 février 1865 qu'il constait de deux de ces miracles, savoir : en premier lieu, *de la guérison instantanée et parfaite d'Anne Marie Noël, atteinte d'une luxation spontanée du fumur; ensuite de la guérison instantanée et parfaite de Françoise Huot, en religion sœur Julie-Germaine, atteinte d'une inflamation chronique de la moëlle épinière.*

Dès lors, cette cause célèbre avait été conduite à ce point, où pour la terminer heureusement, il ne manquait plus à obtenir qu'un dernier arrêt, déclarant qu'il pouvait être en toute sûreté procédé à la cérémonie de la canonisation. C'est pourquoi dans l'assemblée générale qui se tint au palais du Vatican le 8 avril de l'année courante, en présence de Sa Sainteté, le Révérendissime cardinal Joseph Bofondi, en la place du Révérendissime cardinal Charles-Louis Morichini, absent, ayant proposé ce doute: Peut-on en toute sûreté procéder à la canonisation solennelle de la Bienheureuse Germaine Cousin ? tous les Révérendissimes Cardinaux et les consulteurs avec eux donnèrent une réponse affirmative.

Toutefois, le Saint Père ne voulut pas sur le champ manifester son opinion ; mais il invita tous les assistants à implorer en commun la divine sagesse, afin que de sa lumière il put lui-même recevoir la lumière. Enfin, Sa Sainteté en vint à désigner ce jour, qui est le sixième dimanche après la Pentecôte, pour mettre la dernière main à cette affaire. C'est pourquoi, se trouvant alors dans la résidence de Castelgandolfo, elle offrit dévotement le saint sacrifice dans la chapelle particulière du palais pontifical ; et de là se transporta dans l'église paroissiale du lieu où elle assista à la messe. Elle appela ensuite auprès d'elle Monseigneur le Révérendissime Constantin Patrizzi, évêque de Porto et Sainte-Rufine, et préfet de la sacrée Congrégation des Rites, avec le Révérendissime cardinal Joseph Bofondi, rapporteur de la cause; du R.-P. Pierre Miuetti, promoteur de la foi, et moi soussigné secrétaire, et en présence de ces témoins, Sa Sainteté prononça, selon l'usage, qu'on pouvait en toute sûreté procéder à la solennelle canonisation de la bienheurense Germaine Cousin.

Elle ordonna que ce décret fût publié et relaté dans

les actes de la sacrée Congrégation des Rites, et que des lettres apostoliques sous le sceau de plomb, fussent expédiées pour autoriser la solennité de la canonisation à faire dans la basilique patriarchale du Vatican en un jour convenu, le 23 juillet de l'année 1865.

  C., év. de Porto à St-Rufine card. PATRIZZI.

   Préfet de la sacrée congrégation des Rites.

*Place du Sceau* †

    D. BARTOLINI, secrétaire de la sacrée Congrégation des Rites.

FIN.

# Table des Matières

§ I. Introduction. . . . . . . . . . . . . . . Page   3
§ II. Patrie et naissance de sainte Germaine. . .   7
§ III. Des mauvais traitements qu'elle a subis. .   9
§ IV. Germaine employée à faire paître les brebis.  11
§ V. Son amour envers Dieu, sa dévotion à Marie.  14
§ VI. Merveilles par lesquelles Dieu fait connaître sa vertu. . . . . . . . . . . . . .  20
§ VII. Mort imprévue de sainte Germaine. . . .  23
§ VIII. Invention du corps de sainte Germaine. .  25
§ IX. Reconnaissance authentique de son corps. .  28
§ X. Autre reconnaissance et procès d'information.  31
§ XI. Divers miracles déposés dans le procès de 1700  33
§ XII. Autres miracles arrivés dur<sup>t</sup> le XVIII<sup>e</sup> siècle.  36
§ XIII. Les impies l'ensevelissent dans la chaux vive.  42
§ XIV. Aveugle soudainement guéri. . . . . . .  47
§ XV. Guérisons subites de membres contractés et estropiés. . . . . . . . . . . . . . .  51
§ XVI. Paralytiques instantanément guéris. . . .  53
§ XVII. Guéris. instantanées de plaies et d'ulcères.  56
§ XVIII. Guérisons miraculeuses de divers genres d'infirmités. . . . . . . . . . . . . . .  59
§ XIX. Les quatre miracles approuvés pour la béatification, premièrement, une multiplication miraculeuse de pain. . . . . . . . . . . .  76
§ XX. Secondement. Prodigieuse multiplication de farine. . . . . . . . . . . . . . . .  83
§ XXI. Troisièmement. Jacqueline Cathala est guérie d'un rachitisme invétéré. . . . . . .  86
§ XXII. Quatrièmement. Philippe Luc est guéri tout-à-coup d'une fistule incurable. . . . .  89
§ XXIII. Concours extraordinaire et continuel du peuple au sépulcre de sainte Germaine. . .  92
§ XXIV. Actes de la béatification, décrets et bref.  97
§ XXV. Nouveaux miracles accomplis depuis la béatification de Germaine Cousin. . . . . 114
§ XXVI. Conclusion, décrets. . . . . . . . . . 120

# AU PROFIT DE LA MÊME CAUSE

**LITANIES DE LA B<sup>se</sup> GERMAINE**, avec indulgences, le cent. . . . . . . . . . . . . . . . 3 fr.

**CANTIQUE, cité des Saints,** en l'honneur de la Bienheureuse Germaine, avec musique, le cent. . . 4 fr.
Sans musique, le cent. . . . . . . . . . . . 3 fr.

**NEUVAINE** en l'honneur de la Bienheureuse Germaine, l'exemplaire. . . . . . . . . . . . . . . . 30 c.

**BELLE GRAVURE** (miracle des fleurs) sur papier chine, de 30 c. sur 45 c., marge non comprise, agréée par S. S. Pie IX, approuvée par Mgr. l'Archevêque de Toulouse et le Postulateur de la cause. . . . 2 fr.

**MÊME GRAVURE** en imagerie, sur dentelle, pour paroissien, avec fac simile de la signature du Pape, la douzaine. . . . . . . . . . . . . . . 1 fr. 75
La grosse. . . . . . . . . . . . . . . . 20 fr. »

**MÊME SUJET,** tableaux peints à l'huile par M. ABEL, avec châssis, 2 m. 50 sur 2 m. . . . . . . 260 fr.
Id., 2 m. sur 1 m. . . . . . . . . . . . . 220 fr.
Id., 1 m. 50 sur 1 m. . . . . . . . . . . . 160 fr.

**AUTRE TABLEAU** (apothéose), peint à l'huile, 1 m. 10 sur 84 c. . . . . . . . . . . . . . . . . 25 fr.

**MÊME SUJET,** en gravure, 92 c. sur 72, coloriée. 4 fr.
Noire. . . . . . . . . . . . . . . . . . 2 fr. 40

Chez M. GARRIGUES, rue Boulbonne.

---

Tout mode d'envoi d'argent en timbres-poste, mandat ou lettres chargées, peut être également employé.

TYP. J.-B. DUPIN.

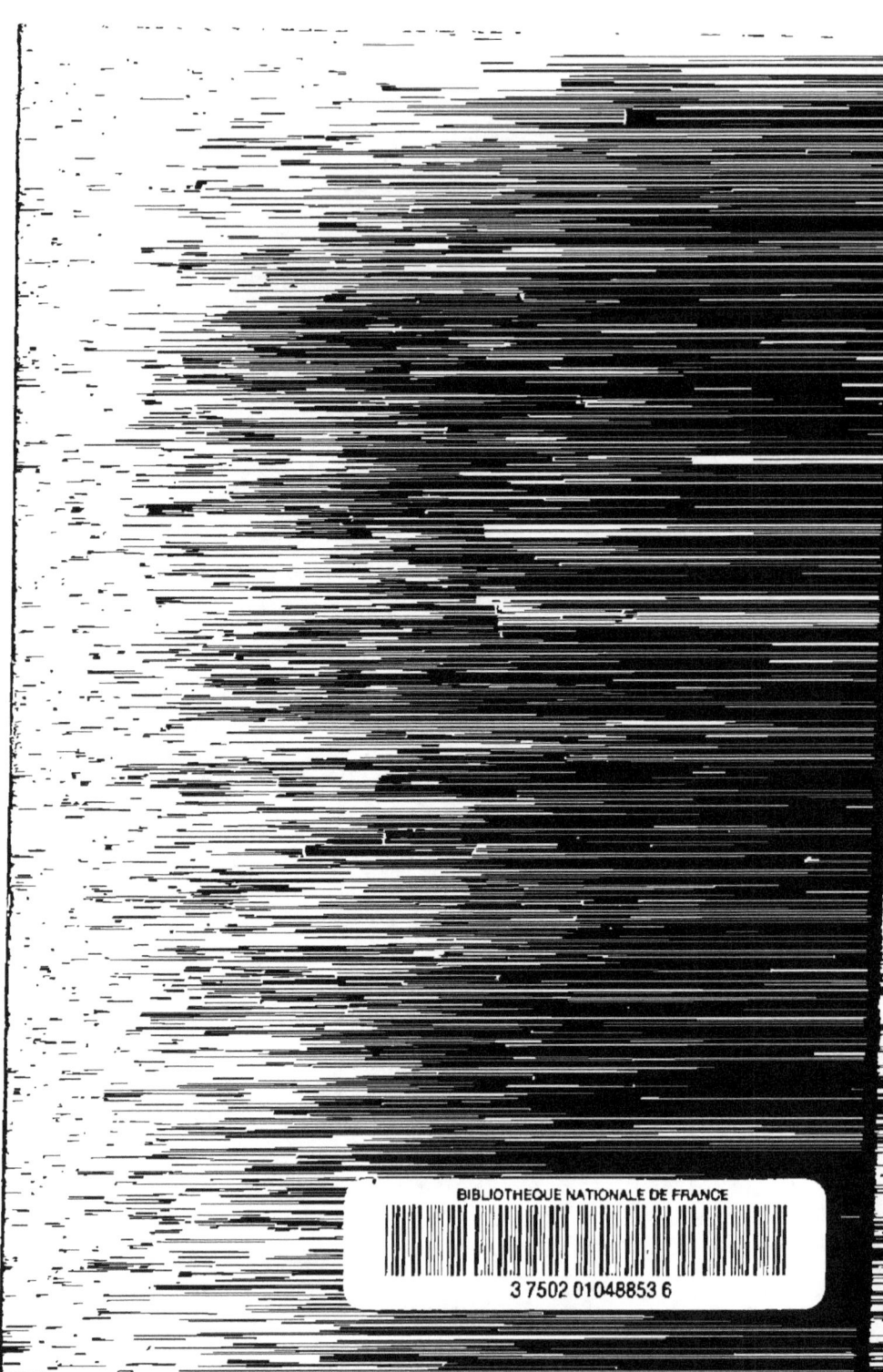